NF文庫
ノンフィクション

騙す国家の外交術

杉山徹宗

潮書房光人新社

文庫版のまえがき

『騙しの交渉術』（旧題）は二〇〇七年に初版が発行された。本書で扱った「騙し」の問題は六つの事例を挙げたが、殆どは戦前の問題であった。しかしながら、「第2章　英仏を欺いたアドルフ・ヒトラー」を除く残り四つの章は日本に関係する事案であるが、二〇二二年の現在に至っても完全には解決していない。復讐したり騙したりした側は、被害を受けた側に対して、何故《なぜ》復讐したのか何故騙したのかの理由と、その結果与えた損害・被害も認めず謝罪も補償もしていない。

こうした被害と損害を受けた問題に対して、日本外交は如何に対応すれば良いのであろうか。以下に各章の原因を簡単に見た上で解決策があれば検討して見たい。

第1章　満州を漢民族領土と世界を騙した中国

日本が戦前国家財政の半分を傾けて建設した「満州国」を、戦後誕生した新生中国は、あっさりと奪い取った。日本は満州国に対して、財政、産業、技術、法制、教育など多くの面で絶大な援助を行なって、「無」の状態から満州国を近代国家に仕上げた。日本が満州国に築き上げた各種工業と農業等の生産体制は、一〇億人に近い飢餓と貧困に苦しむ中国人民を救ったのである。

日本国土の五倍の面積を持つ満州地方は、漢民族が四〇〇〇年の昔から一九四五年まで野蛮人達の住む遅れた文化の地域と蔑んで来た地域であり、加えて清朝崩壊以来三〇年間に亘る軍閥同士の争いや、国民党と共産党との内戦で荒廃し尽くしていた。

その野蛮人の住むと言われた満州を、日本はわずか一三年間で、当時の東アジアでは日本に次ぐ工業国家として誕生させたのである。だが日本が大東亜戦争に敗れて大陸から撤退するや否や、中国は満州地方と満州国を、あっさりと「自国領土」として奪い取った。

一九七二年に日中間は外交関係を樹立したが、日本外交は「満州国」返還を主張もせず、それどころか投資した膨大な量の重工業設備や、インフラなどの賠償請求さえも放棄してしまった。だが、中国が「日中共同声明」に度々違反する行為を繰り返す現状を鑑みるならば、日本は満州国の返還と、投資した全てのインフラの返還を主張すべきではなかろうか。

第2章　英仏を欺いたアドルフ・ヒトラー

ヒトラーが内閣を成立させて首相に就任したのは一九三三年一月であったが、同年三月には議会が彼に独裁権を付与した。さらに翌年、ヒンデンブルク大統領の死を契機に、彼は宰相兼総統に就任し、翌年には再軍備を宣言した。

そして一九三六年にはロカルノ条約を破棄してラインラントに進駐した。一九三八年にはオーストリアの併合を宣言したが、同年九月には英独仏伊の参加するミュンヘン会談を挙行すると共に、会談後にはズテーテンに進駐し領土を回収した。

一九三九年九月、ヒトラーは突然ポーランドに侵攻し、ソ連と共にポーランドを二つに分割領有した。ここにおいて、英仏はドイツに宣戦布告をし第二次世界大戦が始まった。ヒトラーの強引な領土獲得を英仏が認めたのは、ベルサイユ条約におけるドイツへの制裁が、戦時国際法をはるかに逸する苛酷な内容であった事に、忸怩たる思いがあったためである。同様の事は、一九三六年にイタリアがエチオピアを侵略した事案に対して、英仏はこの侵略を認めていた事にも伺える。

一方、ヒトラーの侵略戦争に対して、日本の政界も軍部も国民も容認したのは、米国で二〇世紀初頭以来、日本人移民に対して厳しく当たるようになった事で反米機運が醸成されていた。それ故一九二三年に関東大震災が発生した時、ベルギーが他国より多い義援金を送って来た事で日本人は大いに感謝したが、直後に米国が四五〇〇万円を超える義援金を送って来たが、日本人は感謝する事はなかった。

事実、米国では反日感情を受けて、一九二四年には「日本人移民禁止法」を成立させた上に、世界恐慌以来、日本への経済的圧迫を強め始めていた事で、日本国民は益々反米感情を強めていった。

一九四〇年九月に日本は「日独伊三国同盟」を締結したが、軍部としては独伊と同盟する事によって、ソ連と米国も牽制する事が出来ると考えていた。

第3章　日本海軍と外務省を罠にかけた米国

米国は一九二四年以来「通信傍受法」を制定したが、日米関係が悪化し始める一九三〇年代後半に入ると、日本の「紫暗号書」と「暗号機」を盗み取り、太平洋を囲む地域に二五ヵ所の通信傍受施設を設置して、日本海軍と外務省の動きを完全に把握していた。この事がローズベルト大統領をして対日謀略にのめり込ませた。

この結果、日本はローズベルト大統領の罠に見事に嵌まり、真珠湾を攻撃して日米戦争へと突入していった。しかも、奇襲攻撃を事前通告する際、ワシントンの在米日本大使館外交官達の拙劣な対応も手伝って、日本人は卑怯な民族という烙印を長らく押された上に、原爆投下でさえ米国人をして是認させて来た。

加えて戦後GHQが行なった東京裁判では、裁判手続きも法の理念も完全に無視した復讐裁判となり、無実の罪で多くの政治家、軍人が戦犯とされた。

ところが一九八〇年代から二〇〇〇年代にかけて、パールハーバー事件はローズベルト大統領の対日謀略であったとする公的資料が次々と明らかとなったが、米政府はこれを公認せず、謝罪も補償もしていない。最大の理由は「日米同盟」によって、米国が日本を防衛してやっていると言う事にある。日本は今後三〇年間、五〇年間も米軍依存を続けるのであろうか。

第４章　窮鳥の日本を騙したソ連

ソ連は「日ソ中立条約」を破って、国力・戦力を使い果たした日本に突然襲いかかり、千島列島や南樺太などの日本領土を侵略・奪取した上に七〇万人に及ぶ日本軍人を捕虜とし、長期間に亘って彼等を強制労働に使役して六万人を死亡させている。

このソ連による国際法違反となる、「中立条約違反」や「捕虜に対する不当抑留・強制労働」を何故、強行したのかと言えば、それは一九〇五年の日露戦争で、ロシア陸海軍が日本軍によって世界史上始まって以来の大惨敗を喫した事に対する復讐であった。

戦後、日本とソ連は国交を回復したが、ソ連は日ソ中立条約違反問題や、捕虜抑留と損害補償問題などについて口を閉ざしたままである。日本外交は何をしているのであろうか。

ただ日本として、日露戦争での教訓があるとすれば、国家間の戦争は「勝ち過ぎ」てはならないという事である。戦争において一方的且つ完全勝利を得るという事は、完敗した側の恨みは世代を超えても続く事を忘れてはならないのである。

今後の対露外交は軍事力を背景とはせず、経済的に日本人とロシア人が共に発展・利益を得るものを模索して行く必要があろう。但し、北方四島への経済投資ではなく、ロシア経済と日本経済を大飛躍させる程のものでなければならない。

第5章　アラブ人とユダヤ人を騙した英国

二一世紀の現代においても、パレスチナ問題は解決を見ておらず、依然としてイスラエルとパレスチナとの争いは続いている。英国は戦後、複雑なパレスチナ問題を国連に預けて逃げてしまった。この問題の根は、英国がパレスチナ人を騙した事に原因があると言えよう。

第二次大戦後、国連の介入による当事者の話し合いが進むが、イスラエルが建国されたことを受けて、パレスチナを支援するアラブ諸国が、イスラエルとの限定戦争を繰り返した。だがイスラエルは米国製兵器の支援を受けているために、数回に亘るアラブ軍との戦闘でも勝利を得ただけでなく占領地を増やした。その上でイスラエルは、同国人の入植地としてパレスチナ領内へも増やし、パレスチナ人との間に更なる問題を起こしている。

さらに一九七〇年代後半には米国が解決に乗り出し、エジプトとイスラエル間の仲介に立って和解させた事で、エジプトはパレスチナ問題から離脱した。またヨルダンやサウジアラビアも英国や米国との外交関係を密にした事で、パレスチナは孤立するようになった。

結局、パレスチナを支援するのは、過激派組織や米国と対立するイランなどであるが、ミサイル攻撃をかけるにとどまっている。この問題を解決する方法は、問題を引き起こした英国が両者を招いて謝罪すると同時に、パレスチナ人にも国家樹立を承認すると共に、中東戦争で被害を受けた人々に補償をするしかないように思える。

第6章　尖閣諸島とガス田問題で、日本を無視した中国

中国は尖閣諸島の領有権問題では自国の主張のみが正しいとし、人民には日本が中国領土を侵略していると宣伝している。一方で、日本が主張する国際仲裁裁判所への提訴も認めず、それどころか軍事力を行使してでも尖閣を奪取する意向を強くしている。中国は香港に続いて、台湾を完全支配するために軍事的準備をしていると思われ、台湾侵攻の時期は一〇年以内に実施される公算が大きくなっている。当然ながら、台湾侵攻過程で尖閣諸島も奪取するであろう。

中国が台湾に軍事侵攻する場合、米国に介入させないための手段として、ニカラグアで中断しているカリブ海と太平洋とを結ぶ「運河」を完成させる事である。運河が完成した場合、運河の管理と防衛は当然ながら中国が担うが、運河を防衛するためとして軍事基地を建設する上に、カリブ海へは中国軍の空母や核ミサイル原潜などを配備する事が出来る。

米国にとってカリブ海は裏庭であり、中国軍が配備される事は国防上死活問題となる。そこで中国はカリブ海に原潜を配備しない代わりに、台湾領有を米国に認めさせ、日本から米軍をグアムまで撤退させる条件を出すに違いない。

仮に米国がニカラグア運河との交換条件で、日本から米軍を撤退させた場合、日本は中国の軍事的侵攻を防ぐ手段を独自で行なわねばならない。

だが中国は核兵器を保有している独裁国家である。仮に核兵器を使用しない戦争が日中間に生起した場合、自衛隊は極めて強いので、中国軍は惨めな敗北を喫する可能性が大である。そうした事態が生起した場合、中国としては国際的批難を覚悟の上で、核爆弾を尖閣諸島周辺を守る陸海空自衛隊の上に落とす可能性を否定できない。

日本としては、そうした悲劇に陥らないよう、中国軍の核弾道ミサイルは勿論、通常兵器の攻撃に対しても、中国軍に一切血を流す事なく、核兵器は勿論、通常の兵器類を全て無力化する新たな兵器を開発しておく必要があろう。竹島を返還しない韓国軍にも、拉致問題を解決しない北朝鮮に対しても同様である。新兵器に関しては『日本の技術が世界を変える』(芙蓉書房)を参照して戴きたい。

第7章　交渉術を心得ねばならぬ日本人と外交官

日本が外交に関して整える必要があるのは、①外務省官僚を、国家試験I種試験合格者ではなく、日本史と世界史に通暁し、尚且つ各種企業の営業現場や生産現場で勤務してきたり、ジャーナリズム界や自衛隊など現場で活躍して来た人物を採用する事。②外交戦略を構築するために不可欠な「情報機関」の設置、③スパイを防ぐ「法体制の整備」、そして最後に、④通常兵器は無論、核兵器や弾道ミサイルそして核搭載原潜などからの攻撃を全て無効にさせてしまう新たな兵器の開発保有。

まず①に関連する外交官の資質は、現在は難しい国家I種試験に合格する為に、「記憶力、理解力、判断力」(記理判パワー)に優れていなければならない。ところがキリハンパワーに優れる人物は、情報処理が早く巧みで、収集した資料や統計などの分析はうまいが、これらの資料や情報を基に新たな戦略や戦術を創造する事には向いていない。その意味では②の仕事に従事させるのが良い。

そして新たな発想が出来る人物は、「創造力、指導力、決断力」（創指決パワー）に富む者で、学校の試験では八〇点ぐらいしか取らないが、社会に出てからは各種の現場で働く者である。つまり、ソウシケツパワーに優れる人物は、企業だけでなく組織の運営に適している。

かつて日清・日露戦争の頃、国家のために欧州で活躍した「末松謙澄」や、終戦後、占領軍に対して日本国益のために働いた「白洲次郎」のような人物が出てくれれば、日本外交は大いに助かるが、残念ながら現在の日本には、そうした人物はいない。それ故、今後の日本外交は、①外交官採用方法と、④新たな兵器開発にかかっていると言えよう。

杉山徹宗

はじめに

二十世紀という時代は、十九世紀という「大変革」をうけた結果としての「世界大戦争の時代」であった。すなわち、一九一四年から五年間の第一次世界大戦、一九三九年から七年間にわたった第二次世界大戦である。当然ながら、こうした世界的大戦争の前後の外交は熾烈さを増すが、どの大戦の場合も外交上の誤解や齟齬《そご》と同時に、虚偽や騙《だま》しのテクニック、国益遂行のための工作、時には国家をおとしいれる罠などが仕掛けられてきた。

ところが、四方を海でかこまれた島国で異民族との交流のなかった日本人は、鎌倉時代から独特の「武士道」を発達させ、江戸期には各藩の藩主から下級武士にいたるまで、武士道精神で幕府や諸大名との折衝のみならず領民の日常まで律する生活を営んできた。

このため、明治維新によって国際社会におどり出た日本は、武士道精神にしたがって国際外交も国家間戦争にも対処してきたが、その結果は、卑怯・卑劣な外交交渉や戦いに慣れた諸外国に何度も翻弄され、危機におちいる経験をしてきた。そして問題のいくつかは、未解決であり真実も闇のまま放置されたものもあるが、中国との間ではいまだに騙されつづけている例もある。

本書では、パレスチナで巧みな騙し外交を展開した英国、満州事変をめぐる米中の騙し、ヒトラーの騙しの外交、ローズヴェルトの仕掛けた騙しと罠、日ソ中立条約に違反して騙したソ連、そして平和友好条約を裏切って騙し外交に徹する中国をとりあげた。

すなわち、卑怯・卑劣な言動をおこない、恥という意識なく平然と相手を騙した国をとりあげたが、みごとに騙された国家は、いずれも日本である。例外はパレスチナ住民であるアラブ人とユダヤ人であるが、彼らは国家を持っていなかった。

また本書では、いかにして騙されたのかの経緯を、国際法や条約あるいは宣言などの資料をもとに解明しているが、上記五ヵ国のほとんどは、国益にかかわる資料だけに情報を公開していないものが多く、これまで明らかにされた資料にもとづかざるを得ない。

最後の章では、日本が二十一世紀の外交をすすめるに当たって、いかなる対応や心構えが必要かを、教育面などでの各国との比較で記述したが、翻弄されないための工夫を一刻も早く徹底しなければ、日本は相変わらず国益のためなら卑怯・卑劣など意にも介さない諸外国の外交交渉の現実に翻弄されつづけるであろう。

本書がそうならないための一助ともなれば、筆者にとって幸いこのうえもない。

騙す国家の外交術——目次

第三章　日本海軍と外務省を罠にかけた米国

第四章 窮鳥の日本を騙したソ連

第五章 アラブ人とユダヤ人を騙した英国

第六章　尖閣諸島とガス田問題で日本を無視した中国

第七章　交渉術を心得ねばならぬ日本人と外交官

騙す国家の外交術

第一章　満州を漢民族領土と世界を騙した中国

(1) どさくさに紛れて満州民族の土地を奪った中国

満州は現在、中国政府によって「東北地方」と呼ばれているが、もともとはツングース系の満州民族が清朝の倒れる一九一一年まで、この地に居住してきた。つまり満州は現在、中国という外国によって完全に侵略・併呑されてしまっている地である。

歴代の漢民族王朝は満州居住の民族を扶余《ふよ》、把婁《ゆうろう》、沃沮《よくそ》、濊《わい》、靺鞨《まっかつ》、女真《じょしん》、女直《じょちょく》などと、勝手に卑字をあてて呼んできた。

彼ら満州民族は、遊牧を主体に半農半猟の生活をして数千年間をすごしてきたが、満州民族独自の王朝としては高句麗《こうくり》、渤海《ぼっかい》、金《きん》、清《しん》などをたてて、満州一帯から朝鮮半島の北部を支配し、ツングース族の支流は朝鮮半島においても百済《くだら》や新羅《しらぎ》、高麗《こうらい》、李氏朝鮮を建国してきた。

ところで、満州人がみずからを「満州民族」と呼んだのは、漢民族の明《みん》帝国を倒して清《しん》帝

18世紀半ば清朝の満州領域

国の太祖となったヌルハチが、初めのころは自国のことをマンジュ国と称したことから、「満州」が地域名や民族名として用いられるようになったものである。

さらに「明」を倒した「清」は、北京に都をさだめたあと、父祖の地である広大な満州を奉天省、吉林省、黒竜江省に分けて三将軍をおき、満州全体を東《とう》三省《さんしょう》とも呼ぶようになった。

ついで、清の聖祖・康熙《こうき》帝《てい》は一六八八年、父祖の地である満州を民族の聖域とさだめ、万一、中華の地を退くことになった場合の安全地帯として確保するため、漢民族の満州への流入を禁止する「満州封禁令《ふうきんれい》」を発布した。

そして一七四〇年には高宗《こうそう》・乾隆帝《けんりゅうてい》がふたたび満州封禁令を発布し、一七四六年にも同じく乾隆帝が万里の長城の基点となる山海関から、漢民族が満州方面へ出境することを厳禁した。それでも漢民族の密入国がとまらないため、三年後の一七四九年にも、乾隆帝は満州封禁令を発布して、漢民族の聖地への移住を禁止した。

ところが、一七九一年に満州地方内の吉林省と、北京のある華北の直隷省で大飢饉が発生し、大量の難民が発生した。このとき、満州に隣接する内蒙古の王侯が直隷省の難民を招致して開墾に従事させたため、漢民族の難民が内蒙古を経由して満州に大量に流入した。

祖霊の地に漢民族が流入したのを見た宣宗・道光帝は、満州地方の満州民族が漢風化することを禁じ、また漢民族の満州への帰化も禁止する措置をとるとともに、中国国内にいた満州八旗《はっき》をふたたび満州の地に帰還させようとした。

「満州八旗」とは、清朝の支配体制の一つとなった独自の軍事組織で、政治・社会組織としての性格も兼備している。清の太祖であるヌルハチが創始したもので、満州族固有の社会組織をもとに、男三〇〇人で一ニル、五ニルで一ジャラン、五ジャランで一グーサ（旗）を編成した。

八旗の呼称は、各グーサが標識として使用した白・黄・紅・藍など八種類の旗から由来している。ヌルハチの息子で太宗となるホンタイジは、満州八旗のほかに蒙古八旗、漢軍八旗などを編成した。

満州への異民族の流入

だが、広大な漢民族の国土を支配するために、清朝の北京遷都とともに、中国国内に移住した満州八旗といわれる軍団は、漢化して質実剛健の気風を失って帰還をのぞまず、逆に犯罪をおかして逃亡をもくろんでいた漢民族や、飢饉のために生活ができなくなった漢民族が、飢饉を理由に満州地域に流れこむようになり、封禁制度は有名無実化していった。

そして一八四〇年のアヘン戦争や一八五一年から六四年までつづいた太平天国の反乱によって、国力と威信を落とした清帝国の間隙をぬって漢民族は、生活苦から、あるいは犯罪をおかしたための逃亡目的で、たびたび満州への流入をくりかえした。広大な満州はこの結果、中部から南部にかけて大量の外国人（漢民族）勢力によって占拠されることになった。

さらにアヘン戦争いらい欧州列強の侵略の標的となった清朝は、英仏との戦争の仲介にたったという理由だけで、ロシア帝国に黒竜江以北の満州を「愛琿《あいぐん》条約」（一八五八年）によって奪われた。

愛琿条約の交渉を通して清朝の弱体と腐敗ぶりに気がついたロシアは、さらに二年後の一八六〇年にも清朝を脅し、「北京条約」を結んで沿海州地方をも奪った。

この二つの条約によって、清朝は祖霊の地である満州地方の半分にあたる面積を、ロシア帝国に奪われてしまった。ロシアとの交渉にあたったのは、満州民族出身の官僚ではなく、いずれも漢民族出身の官僚であった。ところが、漢民族から見た満州は数千年の間、「野蛮人つまり夷狄《いてき》の居住する土地」という認識でしかなかったから、ロシアの軍事的脅しをチラつかせた要求があると、あっさりとそれを認めてしまった。

もちろんロシア帝国が満州の半分を奪ったとき、漢民族中国人のだれ一人として異議や反対をとなえた者はなく、ただ満州族「皇帝」は、出身地である満州地方を奪われて可哀相だなくらいの感想しかもたなかった。

現在の中国人は、満州地方をあたかも昔から漢民族が居住していた中国人の土地であるかのように「中国東北地方」と呼ぶが、じつは一九三一年（昭和六）に満州事変が起きてから主張しはじめたもので、共産党政府が中国領土と言いだしたのは、一九四五年に日本が撤退した後、国民党政府と争奪戦を展開して獲得してからで、両政府も外国人の土地を奪い合っただけである。

三千年ほど前の殷《いん》・周《しゅう》帝国や春秋時代の古代から、漢民族は遊牧を生業とする北方遊牧民族を野蛮人とみて、渤海湾に面する山海関から西域にいたる六四〇〇キロの国境に、万里の長城を築いて異民族の侵入を防いできたことは知られる通りである。

そうであればこそ、漢民族は華北地方を気候温暖、物産ゆたかな理想的な土地とかんがえ、文化花咲く「華やかな土地」と命名し、この地を中心として華北や華南、華中などと呼んでいた。

それゆえ、万里の長城を一歩こえて北へ出れば、そこは文化程度の低い恐ろしい野蛮人が住む場所とかんがえて、満州民族である清朝が漢民族を征服するまでの数千年間というもの、漢民族のだれ一人として、長城をこえて移住しようなどとは思いもしなかった。

そしてこの感情は、清朝時代の一九〇五年（明治三十八）に、日本とロシア帝国が対峙して満州の原野で何度も陸上戦闘をおこなったにもかかわらず、漢民族は一人として自国領土内で外国軍の戦闘がおこなわれることに対し、非難や反発をする者がいなかったことを見ても明らかである。

ただし、日露戦争後になって日本は清国皇帝にたいし、戦場使用量として一五〇万円を、ロシアは二〇〇万ルーブルを支払っている。

孫文や袁世凱が清朝を一九一一年（明治四十四）に倒した後、彼らが政治的支配をおこなったのは、あくまでも長城以南の漢民族が居住する中国大陸で、満州地方は漢民族とは異なる外国人の土地という認識を持ちつづけていたから、独立の対象地域とはしていなかった。

しかし満州封禁令をおかして満州地方へ流入した漢民族は、二つの大きな特徴をもっていた。

一つは農民として満州へ流入した者たちで、遊牧を営んでいた先住の満州民族を僻地に追いやり、耕作に適した土地をうばって開墾し広大な農地にかえていった。

そしてもう一つは、単なる喰いつめ者や漢民族社会で犯罪をおかしたために満州へ逃亡してきた者たちで、農業や商業のような正業につかずに盗賊・匪賊《ひぞく》・馬賊などの集団を形成し、農民や遊牧民の収穫物をうばったり、商店や個人の家屋をおそって商品のみならず、女性を略奪するなどの犯罪者集団を形成していった。

しかも清朝支配の時代、中央政府から派遣されてくる官吏や兵士は、中央政府の威信がおとろえると、匪賊と同様の行為をして、官匪《かんぴ》・兵匪《へいひ》といわれて市民から恐れられた。匪賊は夜間に民家をおそうが、官匪は昼間公然と略奪して農民・商人・一般市民を苦しめていた。

そして清朝が倒れると、一九一一年以降、治安を担当する警察権執行者や徴税権者がいなくなったため、満州地方は完全に「無主の地」となってしまった。このため各地で馬賊や匪賊たちが「軍閥」を形成して、農業をいとなんでいた漢民族や、遊牧と半農半猟をおこなっていた満州民族から税金や物品を搾取強奪し、さらに軍閥同士、馬賊同士による縄張り争いに終始するようになった。

満州地方で台頭した軍閥は「奉天軍閥」の張作霖のほかに、呉俊陞《ごしゅんしょう》、陸顕廷《りくえいてい》などがいたが、一九一九年に他の軍閥をおさえて張作霖が東三省のリーダー的存在となった。

このため、満州全体の軍閥軍をあわせれば四十万とも五十万ともいわれる大兵力となり、満州事変が起きると彼らは張作霖の息子である張学良軍と一体になって、関東軍に抵抗をした。

満州軍閥のなかで主導権をにぎった張作霖ではあったが、満州全域を完全に支配下においたわけではなかったから、奉天省以外の吉林省や黒竜江省では、依然として呉俊陞や陸顕廷が張作霖と同様、苛斂誅求《かれんちゅうきゅう》の政治をおこなって人民を支配していた。

一九三三年（昭和八）に国際連盟に提出されたリットン報告書でも指摘しているとおり、張作霖と張学良時代の二十年間におよぶ満州の内政については、腐敗と悪政があとをたたず、数十万の軍隊維持のために重税を課し、それでも足らずに大量の不換紙幣を乱発していた。

アメリカ人ジャーナリストのジョージ・ブロンソン・レーは、その著『満州国出現の合理性』（田村幸策訳、日本国際協会、昭和十一年刊）の中で、張作霖の支配する政府は、民衆にたいして苛斂誅求の政治をおこなってきたが、搾取のための名目と種類が多く一三〇以上もの税金を課していたうえに、通貨も奉天省のみならず、吉林省や黒竜江省など各地の軍閥が発行する官銀以外に、実力者の恣意によって乱発されていたと指摘している。

リットン報告書の作成者にたいし、中国側は、こうした満州事情（満州民族と漢民族の歴史的相剋や民族感情など）を調査団に説明することなく、また満州建国にたいしても、満州各地の満州民族と移住して定着した漢民族たちが、横暴な各地の軍閥政権の排除と、日本による満州国の建設を歓迎していたことを意図的に報告せずに、国際連盟に日本の侵略行為だと非難し、撤退を要求していた。

リットン調査団が、中国側の主張を鵜呑みにした理由の一つは、中国側に満州民族代表が一人も入っていなかったからであるが、日本側も満州民族を立てなかったことが失敗でもあった。

こうした経緯から調査団は、当初から疑いもなく満州を漢民族領土として信じこまされていた。

満州在留の漢民族は、もともとの住民であった満州民族が遊牧に従事しているのを幸いに、放牧地をうばって農地にかえ都市を建設したため、満州民族は僻地へと追いやられていたが、その満州族から土地をうばって農業をはじめた漢民族は、外国領土の簒奪者《さんだつしゃ》であり侵略者であった。

(2) 清朝が崩壊してから二十年間の満州事情

満州事変が起きたのは、一九三一年(昭和六)九月であるが、これは清朝が一九一一年十一月に倒れてからちょうど二十年目である。そこで、満州事変の原因と同時に、事変にいたるまでの二十年間、満州はどのように変転していったのかの事情も述べておく必要がある。

遼寧省海城県出身の「張作霖」は、馬賊としてしだいに頭角をあらわして軍閥を形成し、奉天省を根拠地として、一九一九年(大正八)には東三省の実権を掌握してしまった。

読者に認識しておいてほしいのは、遼寧省生まれの張作霖は漢民族であり、満州民族からみれば明らかに外国人であるという点である。満州民族の名前は清の太祖となった「ヌルハチ」にしろ、太宗である「ホンタイジ」にしても漢民族名ではない。つまり満州で漢民族名

を名乗っていた者はみな、外国人であったということである。

ともあれ同じ時期、万里の長城より南にある直隷省を支配していた北洋軍閥の「呉佩孚《ごはいふ》」は、北洋軍閥から別れて安徽省を支配する「段祺瑞《だんきずい》」によって圧迫される状態となっていた。というのは、段祺瑞が日本の援助を得ていたからである。

ところが、日本に対抗する米英は直隷派（呉佩孚）を援助し、かつ呉佩孚は奉天派の張作霖と手を結んだため、一九二〇年七月に安徽派と軍事衝突したが直隷派の勝利に終わった。日本の勢力はこれによって一時的に後退した。

この結果、北京政府（直隷派）は奉天派と直隷派軍閥による連合政権となったが、こんどは奉天派と直隷派とが内部対立し、一九二二年五月、北京郊外で戦闘を開始した。

この戦いで奉天派は大敗を喫して満州地方に撤退した。しかし、一九二四年九月、奉天派は直隷派への反撃を開始し、こんどは同年十月、直隷派内部で馮玉祥《ひょうぎょくしょう》がクーデターを起こし直隷派を出て、国民軍を組織した。そして同年十一月、安徽派の段祺瑞を臨時執政とする安徽派・奉天派・国民軍による連合政権が成立した。

一方、南部の広東地方では一九一九年十月に孫文が中国国民党を結成して総理となり、一九二一年には広東政府を樹立して総統に就任、二二年には中国北部の軍閥たちを倒す「北伐」を宣言した。

しかし、孫文は一九二五年三月に病死し、かわって台頭した国民党左派の汪兆銘を制して蔣介石が実権をにぎり、二六年七月に「北伐」を開始した。敗れた汪兆銘は武漢政府を樹立して蔣介石に対抗した。

北伐は達成されるまでの二年間に、日本の山東出兵や武漢政府との対立があったが、一九二八年六月に蔣介石は北京をまもっていた張作霖をやぶり、入城を果たした。

だが、清朝が倒れた一九一一年から満州事変が勃発するまでの約二十年間は、満州や中国各地で軍閥が割拠して相互に争いをつづけたうえに、一九二一年七月に結成された中国共産党との争いも起こったため、約三千万人の中国人が殺害されたと言われている。この数字には、外国軍との戦闘による死傷者数は入っていない。

満州民族の支配する「清朝」を打倒して漢民族国家を建設しようとした孫文の革命運動には、多くの漢民族中国人が参加し、とくに中国「四大家族」といわれる蔣介石や宋一族などが参加したが、孫文亡きあと、中華民国の実権をにぎった蔣介石が国内統一のために起こしたのが「北伐」であった。

この北伐は、あくまでも漢民族の居住地である華北までの制圧を目標としており、したがって北京に入城することをもって北伐完成としていた。

つまり満州地方の制圧は目的に入っていなかったのである。理由は満州は外国人の土地であり、漢民族領土とは見做《みな》していなかったからである。

この一事をもってしても、満州は漢民族中国領土ではないことが理解できるうえに、共産党の毛沢東軍が一九三四年（昭和九）に江西省の井崗山《せいこうざん》から「長征」をはじめたときも、最終目的地は陝西省の延安にあり、万里の長城より南の土地であったことからも証明ができる。

ところで、日本は一九〇五年（明治三十八）に米英などの了解のもとに、日韓協約を結んで朝鮮を実質支配し、国防圏を朝鮮半島まで拡大して満州の特殊権益に連結させるかたちで、大陸進出の足場をかためつつあった。

一方、朝鮮半島のなかでも山岳地帯が多く、稲作農耕に不適当な朝鮮北部の人々は、清朝の勢力がおとろえた十九世紀後半から農耕のできる新天地をもとめ、大量に鴨緑江や豆満江をこえて満州の地である間島《かんとう》（現在の延辺朝鮮自治区）に移り住み、農耕に従事していた。

このため、一九二〇年代の満州には漢民族、満州族、朝鮮族、一部のモンゴル族、ロシア革命で逃げてきたロシア人、満州に権益を得た日本人などが居住していたが、人口の八割は漢民族によって占められていた。

（3）どうして満州事変が起きたのか

それはさておき、満州事変が起きた理由から述べねばならない。

満州事変は一九三一年（昭和六）九月十八日の未明に奉天（現・瀋陽）の南満州鉄道の線路上で爆破事件が発生したことから、これを張学良ひきいる奉天軍閥の所為と見なした関東軍が、いっせいに軍閥の駐屯地や飛行場などを攻撃し、一挙に奉天駐屯の軍閥軍を撃滅したことからはじまった。

だが事実は、線路爆破は関東軍による奉天軍閥攻撃のための口実にすぎなかった。それでは、なにゆえ関東軍は奉天軍閥軍を攻撃したのであろうか。それを述べる前に、少し関東軍というものを説明しておかねばならない。

日本は一九〇五年に日露戦争で勝利をえた結果、ロシアが清朝から租借していた遼東半島から長春にいたる一帯の面積三四〇〇平方キロの地域を租借地としてひきついだが、この地域には旅順・大連から奉天にいたる南満州鉄道をはじめ、複数の鉄道がしかれており、日露戦争における主要な戦場でもあった。

日本はこの地域が万里の長城がはじまる山海関の東に位置したことから、「関東州」と名づけた。そして清朝との取り決めで、南満州鉄道の幹線となる旅順〜長春間の七六四キロに、一キロにつき十五人の兵士を置くことが認められ、司令部要員もふくめて総計一万四四一九名の守備兵を配置することになった。

ところが一九一七年にロシア革命が起こり、ロシア帝国にかわって共産主義にもとづく「ソ連邦」が誕生した。共産主義は一党独裁政権であるばかりでなく、労働の価値を平等と見るうえに、民主主義制度や市場経済、そして資本家と地主、あるいは貴族や国王などを人民搾取の体制であるとして否定する思想であり、資本主義や天皇制をもつ日本にとっては脅威の思想でもあった。

しかも特殊権益をもった居留日本人にたいして、満州の匪賊や馬賊がおそうなど治安が乱れていたこともあり、また共産主義が日本へ波及するのを阻止する意味もあって、日本は一九一九年に「関東軍」を設置して満州権益をまもろうとした。

しかし関東軍の設置は、満州市場への参入を望んでいたアメリカに大きな衝撃をあたえ、中国市場が日本によって独占されるという危惧をいだかせることになり、一九一五年（大正四）に日本がおこなった対華二十一ヵ条要求と相俟って、米国の対日警戒心を一気に高めることになった。

その結果、アメリカは一九二一年十一月にワシントン会議を提唱し、日英同盟の破棄と、日米英などの海軍主力艦の保有比率を日本三、米五、英五として日本海軍の強大化を抑えるとともに、日本が中国との間に締結した西原借款を破棄させ、かわって日米英仏の四ヵ国借款団（四ヵ国条約）へと変更させた。

ところで一九〇六年（明治三十九）に李氏朝鮮の外交権をうばった日本は、朝鮮国境付近の地域（間島）に朝鮮人が多数居住していた事実にかんがみ、この地を日本の満州進出の一拠点とするべく朝鮮領と主張したが、一九〇九年になって清国との間に「間島協約」を締結し、安奉鉄道の改修などとひきかえに清国領とみとめた。

ところが、間島地域には満州封禁令をおかして中国大陸から漢民族中国人も多数流入してきており、地主として土地を保有している者もいた。このため、朝鮮人は中国人から土地を借りて農耕をする者が多かったが、農業用の灌漑設備の建設をめぐって争いとなり、しばしば紛争が発生していた。

中国人は朝鮮人を殺害した者には賞金を出したり、朝鮮人の子供をとらえてきた場合には賞金をあたえるとともに、子供の指を折るなどして農耕に従事できないような仕打ちをするなど、両者の間には紛争が絶えなかった。

これに対し、日韓を併合して朝鮮半島を支配した日本は、朝鮮人はすでに日本臣民であるとして、朝鮮人側にたって紛争解決に乗り出したため、中国人はいっそう反日的な感情を醸成していった。

その上、前述したように満州一帯を支配していた奉天軍閥の長である張作霖が、一九二八年（昭和三）六月に関東軍によって爆殺されたと信じる張作霖の息子・張学良は日本軍の攻勢を恐れ、ほんらい敵であった蔣介石の傘下に入る決断をした。国内で共産党との戦いに多忙な蔣介石は張学良を「東三省保安総司令」に任命し、満州支配をまかせる方針をとった。

外国（満州）の領土を簒奪《さんだつ》した張作霖の息子・張学良が、漢民族である蔣介石の傘下に入ったことで、中国人は満州が漢民族の領土になったと思い込んだが、正確には外国の領土を勝手に奪い取っただけであった。

この満州簒奪行為を日本人も中国人も正確に認識する必要がある。なぜなら、今日の日中問題はここに端を発しているからである。

張学良は、一九二八年十二月、それまで掲げていた五色旗から蔣介石の国民党政府の国旗である青天白日旗にかえ、国民政府による中国統一を支持するとともに、満州地方における日本の特殊権益を排除する政策を積極的にすすめはじめた。

張学良の反日的行動とは、日本の権益となっている南満州鉄道の線路や電線の破壊、日本人居留民への暴行や嫌がらせ、侮日言動や反日宣伝、さらに日本商品不買運動などを盛んにおこなった。たとえば、日本人の汗と涙の結晶ともいえる南満州鉄道にたいして、張学良軍閥政府は妨害や破壊活動をおこなったが、日本側の報告によれば一九二八年から三一年にかけて、鉄道運行妨害一七一件、鉄道運行中に発生した強盗一八九件、鉄道施設の略奪九十二件、電線の略奪が二十六件もあった。

張学良は父親殺害が関東軍によるものと確信して、さまざまな反日的行動をおこなったが、ちょうどその時期の一九二九年十二月、南京で出版されている「時事月報」に、漢文で書かれた『田中義一の日皇に上がる奏章』という記事が大々的に報道された。

いわゆる「田中上奏文」といわれるもので、田中義一首相（一九二七〜二九年在任）が昭和天皇に「中国からインド、さらには世界をも征服する決心をされたい。そのためには先ず満州の確保に力を注がるべきである」といった内容のことを申し述べたものであった。

中華民国政府は当然はげしく日本を非難したが、日本政府には寝耳に水の情報であり、しかも当の本人である田中首相は一九二九年九月二十九日に死去していたから、真偽をただすことなど不可能であり、昭和天皇自身も一切否定していた。

しかも上奏文の日付は、田中の首相就任から三ヵ月目の一九二七年七月二十五日となっていたが、この時期はちょうど田中内閣が対華方針をきめた「東方会議」の十四日後で、あたかも会議が世界制覇を討議していたかのような印象をあたえるものであった。

さらに、この上奏文なるものはすぐに英文パンフレットとなって、全世界にばらまかれていったが、アメリカ政府はこれにすぐに飛びついて日本非難のコメントを出し、米国世論も対日感情をいっそう悪化させていった。

当時の日本政府（浜口首相）は、ただちにこれに強く抗議し、新渡戸稲造や多くの学者が捏造《ねつぞう》であるとして上奏文を否定した。だが、この上奏文の影響は中国社会のみならず、米国社会にも深く浸透するかたちでひろまっていった。

一九二九年十二月ころには、張学良は徹底した反日政策を推進しており、政権内の日本事情に精通した者たちが多数の排日文書を作成して配布していたが、この上奏文はもっとも手のこんだ傑作の一つと考えられている。この文書の作成者の手元には、日本側から流出した相当量の秘密文書があったらしく、上奏文が捏造であったと断定されたのは戦後になってからである。

ただし、偽造田中上奏文の米国にあたえた影響はきわめて大きく、日米開戦をアメリカ国民がうけいれる重要な要因となったことは確かであるし、戦後の東京裁判におけるキーナン検事の冒頭陳述においても、日本の指導者は満州事変いらい世界制覇の共同謀議をおこなってきたと述べていた。いかに東京裁判が田中上奏文のイメージで裁かれたかを物語るものである。

漢民族はやはり遊牧民族の末裔であり、日本人と異なってこうした謀略を平然と実行する大陸民族であることを、日本人は強く認識しておかなければならない。漢民族にかぎらず、大陸民族が総じて謀略や工作にはすぐれた手腕を発揮することは、過去の事例が証明している。

ともあれ、こうした軍閥政権が反日政策を展開していたころ、関東軍を刺激する事件がたてつづけに二つ発生した。

一つは、「中村大尉事件」である。参謀本部は将来起こり得るソ連軍との戦闘にそなえて、満州と接する内モンゴルやソ連と接する満州地方の「兵要地誌」を調査するため、一九三一年六月、満州西部地方へ中村震太郎大尉と井杉延太郎軍曹を派遣していた。

ところが、彼らは調査中に興安屯墾第三団長代理の関玉衡《かんぎょくこう》に軍事スパイと見破られ、逮捕拘留のうえ六月二十七日に殺害されてしまった。

中華民国外交部長は日本側の抗議にたいして、当初、これは日本軍による捏造事件と発表したが、一九三一年九月になって初めて事実関係をみとめ、関玉衡を逮捕のうえ軍法会議にかけて処罰した。

もう一つが間島地方で起きた「万宝山事件」である。一九三一年七月、満州の吉林省にある万宝山で、朝鮮人農民が中国人地主から借りていた農地の灌漑施設の工事をめぐって、中国人との間に争いが起こり、双方に死傷者が出るほどの騒ぎとなった。

関東総督府は紛争解決に乗り出したが、朝鮮人の立場にたった解決方法であったため、満州在留中国人の反日気分をいっそう高めることになった。

すなわち激化する反日行動にくわえて、この二つの事件が導火線となって満州事変が勃発したが、事変後、この地に入ったリットン調査団にたいして、日本政府はこうした歴史的事実をこそ、欧米人のみで構成された調査団に対して分かりやすく説明すべきであったのに、自己の権益を主張することばかりに夢中で、豪勢なパーティを催して気を引こうとした。

そこに判断の誤りがあった。

(4) 関東軍は張学良軍二十六万をいかにして撃破したのか

一方、張学良は日本のもつ権益を回収するとして、相変わらず排日、侮日宣伝をおこない、兵力の少ない関東軍の存在をなめきっていた。

なぜなら、満州事変が勃発した当時、満州にいた関東軍の兵力は仙台第二師団を基幹とする一万四五〇〇人が、満州在留邦人二十三万人の生命と財産をまもるべく駐屯していたに過ぎなかったからである。さらにこのうち、奉天には三六四〇名の部隊が駐屯し、一部は夜間演習をおこなっていた。

これに対して、張学良のひきいる軍閥（東北軍）は、満鉄沿線に約五万人、その他の地域に二十一万五千人、合計二十六万五千人の勢力を誇っていた。

このうち、奉天の内城と奉天駅の北方柳条湖付近にある北大営と呼ぶ駐屯地には、王以哲《おういてつ》が指揮する独立第七旅団六七〇〇人が駐屯していた。

しかも張学良の奉天軍二十六万五千人は、中国大陸内の諸軍閥にくらべると、もっともよく訓練されていたうえに、関東軍よりも優秀な武器を米英などから購入して装備しており、兵士の給料もよかった。

満州事変の前に奉天をおとずれた親中国派の米国人作家エドガー・スノーによれば、張学良軍はアメリカから購入した軍用機六十機、最新の戦車、野砲、迫撃砲、毒ガスとガスマスク、四千梃の機関銃、一万梃以上の新式銃を保有していたと述べている。張作霖のころから、奉天軍閥は年間予算の八〇パーセントを軍事費にあてて、近代的装備を保有していたのである。

これほど優秀な装備をもった張学良軍が、なぜ、わずか三六〇〇人ほどの関東軍に簡単に粉砕されてしまったのかと言うと、これには理由があった。

それは張学良軍は、もともと犯罪者や逃亡者の集まりからスタートした凶暴な組織であり、規律もなく匪賊とおなじ体質をもっていて、昼間でも訓練のないときは、民間住宅に押し入り、ゆすり・たかり・強姦などをおこなって、住民の憎悪と反感をかっていた。

さらに夜間になると堂々と武器をもって営外に出て、強盗・強姦などをくりかえして市民から蛇蝎《だかつ》のように恐れられ批判をまねいていたため、張学良は兵器の悪用を警戒し、昼間の演習がすむと夜間は兵士たちから銃器一切をとりあげて、武器庫におさめてしまうことが多かった。

石原莞爾ら関東軍幹部は、この情報を入手すると張学良軍の追い落としを綿密に計画した。すなわち、北大営への攻撃は武器が倉庫にしまわれる夜間が最適であるとして、北大営付近で夜間演習をくりかえして油断させ、一九三一年九月十八日の深夜、付近の柳条湖で満鉄線路を爆破させて、犯人を張学良軍の反日行動であると発表したうえで、張学良と部下六七〇〇人が眠る北大営の営門に向けて三〇センチ砲を発射した。

突然の攻撃に精鋭といわれた張学良軍は、武器を倉庫にしまっていたためか大がかりな反撃もできず、大半はほうほうの態で逃散した。

関東軍の夜間攻撃によって張学良軍は遺棄死体五二〇を残し、関東軍は飛行機六十機と戦車十二両を捕獲した。関東軍の損害は戦死二名、負傷二十五名であった。

奉天における関東軍と張学良軍との衝突は、たちまち満州全土に飛び火し、各地で張学良軍とそれに呼応した他の軍閥軍が関東軍に抵抗したが、結局、張学良軍を主体とする軍閥軍は錦州にたてこもって反撃の拠点とした。

だが、満州から反日的軍閥を一掃するチャンスと見た関東軍は、戦線拡大を恐れる日本政府に無断で朝鮮軍二個師団を呼び寄せ、一九三二年一月には、錦州にたてこもる張学良軍に空爆をくわえるなどしたため、軍閥軍はたまらず満州地方から長城をこえて蔣介石軍のいる華北へと逃げていった。

そして関東軍が満州全域から張学良軍を追い出すと、奉天省の商人や市民の代表たちが自治委員会をつくり、中国本土と絶縁して民意にもとづく新政権の樹立をめざした。

さらに奉天省に呼応するかたちで、遼寧省や吉林省でも独立宣言をおこなったが、一九三二年三月、奉天に各省からの代表者七〇〇人のほか、満蒙青年同盟、吉林省朝鮮人、東省特別朝鮮人、モンゴル人、各種団体などが参加して「満州国建国宣言」をおこない、中華民国からの離脱を宣言した。

日本が治安の面で支援していたことはもちろんである。

これにたいして満州を追われた張学良は馬賊や匪賊とも結託して、反日活動を盛んにおこなったが、満州国が建国された直後の一九三三年度だけでも、馬賊による列車襲撃事件は七十二件、都市部への襲撃事件は二十七回も起きていた。

それほど満州の治安は不安定だった。それでも満州建国後の馬賊討伐によって、数十万人いた馬賊・匪賊の数は五万弱に減少したといわれている。

(5) 満州の事情にうといリットン調査団、中国の謀略に乗る

一方、満州事変が発生したときのアメリカは、共和党フーバー政権の時代であった。一九二九年(昭和四)十月二十四日、ニューヨークのウォール街で発生した株価大暴落をきっかけとした世界経済恐慌が二年目を迎え、米国では工業生産のみならず農業生産も急激に低下するとともに、失業者の数も増大の一途をたどっていた。

欧米諸国は金本位制から離脱して通貨管理体制をつくるとともに、経済ブロックを形成しつつあった時期である。

落ち込んだ国家経済を回復させるには、自国市場を外国製品からまもることと、輸出を促進する方法がとられたが、アメリカの場合には国内需要が減少した代わりに、大量生産された工業製品を外国へ輸出する必要があり、そのもっとも有望な市場が四億の民を有する中国であった。

しかしその中国市場さえも、欧州列強諸国の浸潤がはじまっていたため、米国は一八九九年に「中国に関する門戸開放政策」を宣言して、列強諸国にも中国市場を開放するよう強く主張していた。

ところが、一八九五年(明治二十八)には日清戦争の勝利により日本が中国市場に足掛かりをつけ、さらに日本は一九〇五年の日露戦争でロシアを中国市場から排除して、満州地方に特殊権益を設定して中国への足場をかためる体制を築きはじめていた。それゆえアメリカにとって日本は、大事な市場を奪う危険な存在と見る動きが政財界、軍部ともに増大しつつ

あった。

さらに第一次世界大戦の最中に、日本が対華二十一ヵ条要求を突きつけたことによって、アメリカの対日警戒感はいっそう強まり、その結果としてワシントン条約によって、日本の強大化を防ぐ方策がとられた。

この対日警戒感は、革命によってロシアに資本主義の敵である共産主義体制が出現したことよりも、大きな脅威として捉えられていた。

そのうえ、清朝が倒れた中国大陸では各地で軍閥による内戦状態となり、統一政府が存在しないので日本の進出が容易と見て警戒し、米国は孫文とそれにつづく蔣介石政権の中国国民党を支持することで、日本の進出を抑えようとしていた。

だが欧州列強と連携して日本を抑えようとしたもくろみは、第一次大戦で疲弊した欧州諸国が国内再建と、自国保有植民地の独立運動を抑えることに手一杯であり、遠く極東の地での市場争いにまで手を伸ばすのは難しい状況にあった。

しかも欧州列強が保有してきた世界各地の植民地は、彼ら自身、いずれも弱肉強食にもとづく政治力と軍事力によって獲得した経緯があったため、満州事変を起こした日本を強く非難する考えはなかった。

それでも、米国はスチムソン・ドクトリンを一九三二年（昭和七）一月七日に、米国務省から日中両国に向かって通告したのである。

スチムソン・ドクトリン（一九三二年一月七日、米国務省）〈抜粋〉

錦州周辺における最近の軍事行動に伴い、一九三一年九月十八日（満州事変）以前には存在したところの南満州における中華民国政府の行政的権威の最後の残存物が倒壊せしめられた。……現在の情勢および当該地域における合衆国の権利及び義務に鑑み、アメリカ政府は、大日本帝国政府及び中華民国政府に対し、次の点を周知せしめることを自国の義務と考える。すなわち、アメリカ政府は、中華民国の主権、独立、あるいは領土的および行政的統一にかかわる権利、または一般に門戸開放政策として知られる中国に対する国際的政策にかかわる権利を含めて、合衆国または中国に存在するその国民の条約上の権利を侵害する恐れのある一切の既成事実の合法性を承認せず、日・中両国政府あるいはその代理者間に結ばれた一切の条約または協定を承認しない。また、アメリカ政府は、中国および日本、そして合衆国もまた当事国である一九二八年八月二十七日のパリ条約（不戦条約）の規約および義務に反する手段によって生ぜしめられた一切の事態、条約または協定を承認する意志はない。

宣言のなかに言う「不戦条約」とは、一九二八年に米国のケロッグ国務長官とフランスのブリアン外相が共同で提唱したもので、自衛権や条約にもとづく戦争以外のすべての戦争を禁止し、戦争違法化の精神をうたったもので、国連憲章にもこの精神がうけつがれている。この宣言のなかで、スチムソンは南満州における「中国」の主権、領土という言葉を使用している。

つまり、満州にいた張学良らの軍閥政権が、満州族の土地を簒奪《さんだつ》した外国政権であることが全く分かっておらず、満州そのものを中華民国の土地とする認識であった。

要するに張学良政権は、満州在留の外国政権にすぎず、その政権がおなじく外国である日本の権益を排除するために、蔣介石政権の傘下に入って満州を統治していたにすぎない。

あとから参入したとはいえ日本の権益は、清朝政府と正式な協定にもとづいて獲得したもので、無法・違法な馬賊集団から成り上がって軍閥政権となった張学良とは、根本的に異なっている。

換言すれば、満州事変は、満州民族の土地を舞台として、外国人である張学良軍閥軍とおなじく外国軍である関東軍による領土の奪い合いであり、一九三二年一月には張学良軍は敗れて、もともとの父祖の地である漢民族中国へ逃げ帰ったのが実態である。

スチムソンをはじめとする米国人は、そうした歴史的事情を全く知らずに、満州を一方的に中国領土と思い込み、そこを関東軍が侵したと単純に考えていたものであるが、この考えは二十一世紀の現在になっても改められていない。

漢民族中国人にとって、これほど幸いなことはなく、満州という外国人の土地を世界が漢民族中国人の土地と認めてくれたわけであるから、赤い舌を出して喜んだのは言うまでもあるまい。

だいいちアメリカ自身は、日本が外国の領土を簒奪したと非難する資格などない国家でも

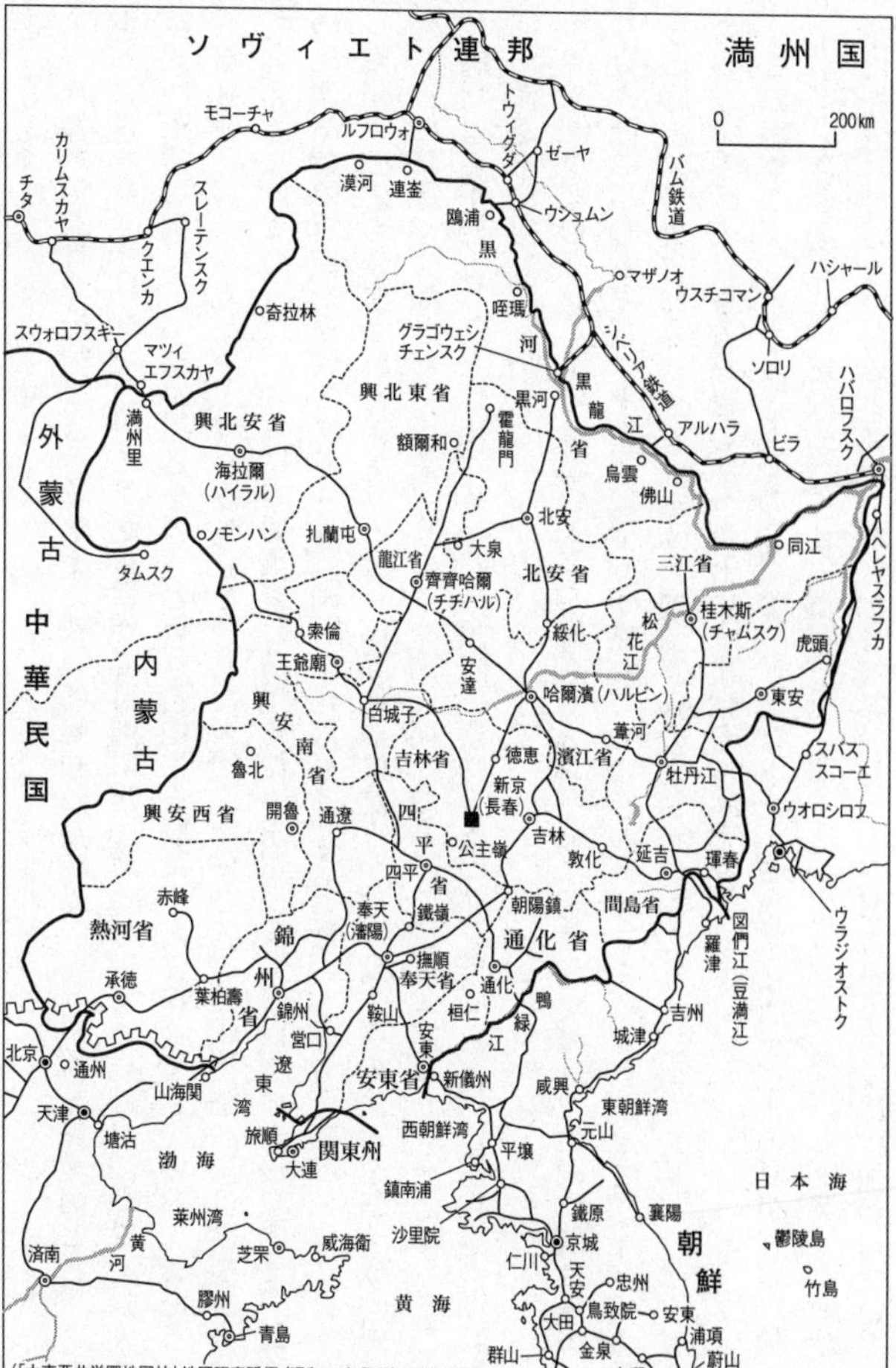

（「大東亜共栄圏地図帖」地図研究所編〈昭和19年発行〉より作製）

あった。

一八九八年七月、米国はスペインとの戦いに勝利した結果、キューバを保護国とし、プエルトリコやフィリピンをスペインから奪って自国の植民地としてしまったし、ハワイのカメハメハ王朝も倒してハワイ諸島を奪うという帝国主義政策をおこなってきているのである。

それゆえ、スチムソン・ドクトリンを発した米国にたいして、欧州列強諸国は冷笑をもって応えただけであった。さらに、関東軍は満州居住の満州民族や漢民族の支援をえて、最後の清朝皇帝の溥儀《ふぎ》を執政とする「満州国」を建国してしまった。

欧州列強から無視されたアメリカは、国際連盟に働きかけて調査団の派遣を強くうったえた。その結果、組織されたのが「リットン調査団」であった。

満州事変が発生した三日後、蔣介石は国際連盟に日本の非をうったえ、連盟理事会は調査団の派遣を決定した。

本来、連盟のメンバーではない米国が調査団メンバーに選ばれたのは、中国におけるアメリカの商業活動とキリスト教布教活動が盛んにおこなわれていたことに加えて、米国が大戦後の経済的苦境におちいっていた欧州列強諸国の大債権国家となっていたために、アメリカの要求を受け入れざるを得なかったという事情があった。

この結果、メンバーはリットン卿（英）、クローデル中将（仏）、アルドロバンディ伯爵（伊）、シュネー博士（独）、マッコイ少将（米）の五人に決まった。ただし、アメリカは連盟に加盟していないためオブザーバーとして参加し、調査報告書の作成には加わらないという条件であった。

(6) 日本が国際連盟を脱退した本当の理由とは

リットン調査団は一九三二年(昭和七)二月二十九日、東京訪問を皮切りに上海、南京、漢口、北京をへて、四月二十日から六月四日まで満州地方を調査して報告書を作成した。

報告書は十章にわたり、英文で一四八ページの本文と七〇〇ページにわたる附属書から成り、外務省の日本語訳では本文だけで二八九ページもの文書となった。

報告書のすべてを取り上げて説明する余裕はないが、第二章「満州」に対する認識、第六章「満州国」に対する認識、そして報告書の結論となる第九章「解決の原則及び条件」を見ることにしたい。

リットン報告書(一九三二年)〈抜粋〉

第二章　満州

満州独立の意義　張作霖元帥が時を異にし宣言せる独立なるものは、彼または満州の人民がシナとの分離を希望せることを意味せるものには非ず。従って一切の戦争及び「独立」の期間を通じ、満州は終始シナの構成部分たりしなり。

第六章　満州国

結論　一九三一年九月十八日以来、日本官憲の軍事上及び民政上の活動は、本質的に政治的考慮に依りて成されたり。各方面より得たる証拠に依り本委員会は「満州国」の創設に寄与したる要素は多々あるも、相俟って最も有効にして然《しか》も吾人の見る所を以《も》ってせば、其《そ》れなきに於いては新国家は形成せられざりしなるべしと思考せらるる二つの要素あり、其れは日本軍隊の存在と、日本の文武官憲の活動なりと確信するものなり。

右の理由に依り、現在の政権は純粋且つ自発的なる独立運動に依りて出現したるものと思考することを得ず。

まず第二章では、満州が張作霖をはじめとする漢民族シナの所有であることを認めているが、本来満州族の土地であることや、清朝が漢民族の流入を防ぐための封禁令《ふうきんれい》を出して、満州民族の土地であることを保とうとした歴史的事実を知らないために、漢民族中国人の土地としている。

ここに先ず、大きな誤りがある。

つぎに第六章では、満州国の建国が日本の官憲によってなされたとして、満州居住の満州民族や違法に移住して居住している漢民族が、張学良の軍閥を追い出して独立を達成した声を取り上げていない。

そして、つぎが解決のための条件で十項目を挙げている。

第九章　解決の原則及び条件

(1)日本・シナ双方の利益と両立すること
(2)ソ連の利益に対する考慮
(3)現存する多角的な条約との一致
(4)満州における日本の利益の承認
(5)日本・シナ両国間における新条約関係の成立
(6)将来における紛争解決に対する有効なる規定
(7)満州の自治
(8)内部的秩序と外部的侵略に対する保障
(9)日本・シナ両国間における経済的提携
(10)シナの改革に関する国際的協力

リットン報告書の結論を読むかぎり、日本にとってそれほど不利な内容とは思えない。ただし、満州事変を引き起こし、その後、満州全土を征服した日本の行為は侵略であるから、すべてもとの状態に復帰させ、満州国そのものの独立も認めないとしている。

リットン報告書を検討する連盟理事会において、日本の代表である松岡洋右は、満州事変の責任は軍閥政府による徹底した反日・侮日行動が引き起こしたものであり、独立運動も住民の自発的意思によるものだと主張したが、中華民国の顧《こ》維《い》鈞《きん》代表は日本の侵略行為だと非難しつづけた。

満州の歴史や民族の実態を知らない連盟理事会は、日本側の主張を認めず、一九三二年十二月十五日に出した結論は満州国の不承認であった。

ただし日本側は、満州国が不承認ではあっても、リットン報告書のなかで日本の特殊権益は認められていたことと、満州住民は中華民国の統治には反対する意向を示していたため、はじめは報告書にたいして深刻に考えていなかった。

日本が譲歩して満州国から手をひいても、いずれは満州住民からの呼び掛けによってふたたび満州建国に協力できると見越して、理事会の決定と総会で下されるであろう満州国不承認と、日本の租借地以外に拡大した軍隊の現状復帰という決定にたいして、時の実力者である西園寺公望と牧野伸顕はこれを受け入れる意向をもっていた。

ところが、この意向をくつがえす情報が連盟総会が開催される一九三三年二月二十四日の八日前に、西園寺と牧野にもたらされたのである。

それは、リットン調査団が現地視察中にいかなる報告書を作成するかを、外務省が嘱託の三浦幸介らの秘密機関に命じて探らせていた情報であった。

それによると、調査団が一九三二年六月の最終調査をおえて満州から帰国する一ヵ月前の五月十五日、ソ連軍極東情報機関の長がハルビンのホテル「モデルン」でリットン卿と一時間、米国のマッコイ中将（少将から昇格）とは三時間にわたって会談していたことを三浦幸介はつかんだ。

ソ連は当時、国際連盟にも所属していないし、アメリカとは国交がないにもかかわらず密談したことに、三浦は不審をいだいた。

このソ連人はロシア東支鉄道総局の警備責任者であるアレクセーエフ・ボグダン・イワノフ大佐であるが、その肩書きはあくまでも名目で、事実はソ連秘密警察兼対外諜報機関ＧＰＵ（ゲーペーウー）の極東支部長であった。

密談後、ソ連軍のイワノフ大佐はハルビンから一人で牡丹江をへて、ウラジオストクに向かう寝台列車の最後尾に乗車したので、三浦らはこの大佐をおそって所持していた鞄をうばい、中身を確認したところ、以下の密約である協約草案が見つかった。

この文書は「ＡＲＡ密約」と言われるアングロ・ルッソー・アメリカーナの略であると考えられるが、それらは、連盟の総会で日本がリットン報告書を受け入れた場合の密約であった。

ＡＲＡ密約（一九三二年五月）〈抜粋〉

第一に、日本が満州に持つ特殊権益は認めるが、駐兵権は国際共同管理委員会の決定による制限を受ける。

第二に、国際共同管理委員会に委ねられる地域の一般行政は、次の諸国が行なう。

奉天省：アメリカ合衆国
吉林省：グレート・ブリテン連合王国
黒竜江省：ソヴィエト社会主義共和国連邦

熱河省：フランス共和国、ドイツ共和国、イタリー王国

　この協約の内容および存在は一切公表せず、秘密を厳守する。

　さらに、この秘密協約には別項のアメリカとソ連による付属秘密議定書があった。それは『ソ連が分担する黒竜江省は、米国がソ連を国家承認して一年以内に無条件で米国に委譲し、代償として米国はソ連に借款を供与し、信用状取引に関する一切の便宜を計らうとともに、関税の最恵国待遇を約する』という内容であった。

　この密約におどろいた三浦は、報告書の内容を書きうつし、外務省に報告するべく慌てて新京をへて奉天に到着したが、奉天駅に降りたところで挙動不審者とみられ、関東軍憲兵隊に逮捕されてしまった。

　そして三浦が肌身はなさず持っていたリットン報告書のもっとも重要な書類である「ARA密約」の写しを、関東軍に取り上げられてしまった。

　かねて外務省の軟弱外交に不満をいだいていた関東軍は、この文書を見て驚いたが、同時に満州での軍事・外交の主導権を外務省から奪取するためには格好の材料として、連盟総会の決定まで秘匿し、日本に不利な決定がなされた時点で世界に公表する方針をたてた。

　ちなみに三浦が釈放されたのは一九三三年五月で、日本が連盟を脱退し、満州国が軌道に乗りはじめていた時期であった。

　国際連盟の理事会は一九三三年二月十四日に、リットン調査団にもとづく報告書ならびに

解決のための勧告書を発表した。勧告書は満州国の否認と日本軍の撤兵を盛りこんでおり、日本政府はすでに連盟総会での決定にしたがう方針で開催を待っていた。

ところが、二月十六日、満州から満州国執政顧問である板垣征四郎少将が、とつぜん外務省を訪れ「ＡＲＡ」秘密協約文書の写しを手渡し、国際連盟からの即時脱退をせまったのである。

驚いた外務省はただちに西園寺と牧野につたえて協議した結果、総会で日本軍撤兵と満州国不承認の決議が出た場合は、リットン報告書の受け入れを拒否し、ただちに連盟から脱退するようジュネーブにいる松岡洋右代表につたえた。

こうして日本は連盟を脱退し、満州の建国作業は日本の手によって進められ、満州を国際管理とするアメリカの思惑ははずれたが、この秘密文書は、ソ連とヒトラー・ドイツが第二次大戦中に米英の陰謀として暴露したが、戦争中のため、結局、取り上げられる余裕はなかった。

ただ、アメリカは国家機密情報といえども、二十五年を経過すると情報を開示する国であり、一九三三年の出来事は二十五年後である一九五八年に公開されるはずであったが、当時のアイゼンハワー政権はソ連との冷戦真っ只中にあったため、米国が陰謀国家であることがわかる秘密文書の公開は避けるべきであるとして五十年間封印してしまった。

しかし、二〇〇八年には封印がとけるので、日本政府や外務省、そしてメディアは、この秘密文書をぜひ入手して公開する必要がある。

ワシントン駐在の日本大使は、二〇〇八年になったらアメリカ政府に正式な申し入れをし、国立公文書館にあるはずのARA密約などの公開をもとめる必要がある。

米国駐在の日本大使は、日本の総理大臣よりも給料が高い（二二八頁表参照）のであるから、首相になりかわって日本の名誉をとりもどす交渉をする義務がある。

(7) うまうまと日本を満州から追い出した共産党中国

満州地方は、外国人である漢民族が満州民族の地を一〇〇年かけて侵略し、清朝崩壊後はチャッカリ軍閥政権が勝手に支配・管理していた。

それにもかかわらず、日本を満州から追い出すために、漢民族中国にとって都合のよい点だけをリットン調査団に強調し、力不足のところは反日感情に燃える一方で、親中国を標榜するアメリカを巧みに利用して、日本追い落とし工作に奔走していたのである。

当時の蔣介石国民党政府は、混乱する中国国内の軍閥を倒して統一することを目標として、一九二六年に「北伐」を開始したが、蔣介石の国内統一とは、あくまでも万里の長城より南側の地域までを漢民族中国の領域として考えていたことは前述した通りである。

満州地方には張作霖をはじめとする軍閥が割拠していたが、満州は漢民族の土地ではないから、北伐の対象には入っておらず、国内の軍閥を退治したことで統一を達成したと考えていたのである。

ところが、父親の張作霖を関東軍に殺害されたと信じた息子の張学良は、関東軍や日本への復讐心を燃やしたが、単独ではかなわなかった。

そこで本来は敵である蔣介石に降伏をするかわりに、張学良に満州地方の支配・管理権を委任してもらう道を選択した。蔣介石にしても労せずして、新たに広大な満州が国民党政権の領土となるわけであるから、これを拒否する理由はなかった。

要するに、外国人の土地を張学良と蔣介石は、勝手に遣り取りしていたわけであるが、満州事変が起こると、これを絶好の機会とみて蔣介石は国際連盟に訴えるとともに、中国市場に強い関心をいだいていた米国に助けを依頼した。

連盟からのリットン調査団には、軍事的に弱い中国に憐憫の情をかけさせるべく、満州に居住する民衆の軍閥にたいする怨嗟の声をたくみにそらして、日本の侵略のみを声高に訴えつづけたというのが真相であった。

現在の共産党中国政府は、一九三一年（昭和六）当時は中国の奥地でゲリラ活動に懸命で、政権を担当しておらず、国民党政府からの討伐をさけて中国各地を逃げまわっていた時代であったが、内戦によって蔣介石軍を台湾に追いやると、日本が営々として築いてきた満州を奪いとり、中国東北地方などと勝手に命名して今日にいたっている。

まさに漁夫の利を得たのが共産党中国であるが、独裁政権を維持するために人民の不満をつねに日本に向けさせ、統一後の満州民族には漢語の教育だけを徹底して、満州語を絶滅させる努力をしてきた。

その結果、二〇〇七年現在、満州語を話せる満州人は一〇〇名ほどの高齢者ばかりとなってしまっている。

結局、日本は日露戦争いらい、多くの人命と金とエネルギーを費やして開拓し、アジアでも有数の工業国家の土台をきずいてきた満州を、共産党中国に漁夫の利として提供してしまった。

まさに茶番そのものであるが、現代中国の歴史教科書では、九・一八事変（満州事変）として、日本の侵略ぶりを脚色して子弟のみならず、国際社会に説明をしている。

当時のアメリカは中国を経済市場としての価値を高く評価するあまり、中国と満州、そして日本との歴史的経緯や民族感情などを深く調査することなく、頭から日本叩きに突っ走ってしまった。

だが、米国の外交官すべてが日本を侵略者、中国を被害者と見ていたわけではない。

一九三〇年代に上海におかれた米国総領事館の副領事であったラルフ・タウンゼント（Ralph Townsend）は、アメリカ政府が中国政府を盲目的に信用し、逆に日本を敵対視していることに対して警告を発していた。

タウンゼントによれば、「中国人ほど下劣で油断のならない民族はいない。西洋人は道徳観は人類に共通するものと考えているが、それは間違いである。西洋人は人様に親切にしてもらったら何かお礼をしようと考え、少なくとも迷惑をかけないように気を使う。これが中国では通用しない。恩義を感じないのである」という。（『暗黒大陸・中国の真実』）

またタウンゼントは、「中国に長くいる英米人に、中国人の性格で我々とは最も違うものを挙げて欲しいと訊くと、ほぼ全員が躊躇なく〝嘘つきである〟と答える」と明言している。
たしかに、現在の日中中間線でのガス田開発や尖閣諸島の領有問題では、中国は信義のない嘘つきと断言できよう。

(8) 中国人民とアメリカ国民は満州事変をどう見ているか

中国人にせよ、米国人にせよ、対日意識を醸成するのは、何といっても歴史教科書である。まず、中国人の対日認識から見てみよう。

近代史における日本と中国の衝突は日清戦争からはじまるが、中国の歴史教科書は争点となった朝鮮問題から書き出している。戦争の経過は丹念に書いているが、なにゆえ戦争が起きたのかの原因については、日本の帝国主義的侵略として片づけて、中華帝国が朝鮮王朝を属国化していたことは一切記述せず、単に友好国である朝鮮としている。

同じことは、満州事変についても、関東軍がなぜ事変を起こしたのかの原因を、単に侵略目的であったとしているだけである。一九九五年十月発行の中国「小学校教科書」では、「第六章　抗日戦争の勃発」というタイトルで、以下のような記述をしている。

「一九三一年九月十八日、日本侵略軍は中国東北軍を攻撃し瀋陽を砲撃した。当時、蒋介石は紅軍（共産軍）の『包囲殲滅』に全力をあげていて、〝外敵を撃退するにはまず国内を安定する必要がある」という政策を堅持しており、中国東北軍に『絶対抵抗しないよう』命令した。

こうして、中国東北三省は日本帝国主義に蹂躙されて滅亡した。その後、日本帝国主義はさらに中国の華北の広大な土地を侵略し、北京、天津を脅かした」

この記述が歴史的事実といかに異なって、嘘の羅列からできているか、中国人子弟にはまったくわからない。

事実は、蒋介石は満州事変の時点では、張学良とは敵対関係にあり、「絶対抵抗しないように」などと命令する立場になかったし、むしろ関東軍に撃滅される方を望んでいた。張学良が奉天を追われたのは関東軍をなめきった結果の自業自得であり、わずか一万五千の関東軍に敗北を喫するほど、実態は弱兵であった。

そして、満州にいた張学良軍や、呉俊陞《ごしゅんしょう》軍、さらに陸顕廷《りくえいてい》軍などの軍閥軍は、軍閥退治に乗り出した関東軍にたいして抵抗したが、同胞である満州在留の漢民族中国人たちは、満州軍閥軍をサポートする者は一人もなく、逆に関東軍を援助する有様であった。

中国という国は、こうした嘘を国交回復する以前から堂々と書いてきていたのであるから、一九七二年の日中国交回復時に、文部省は外務省と共同で中国政府に強く抗議して事実を書き直させる必要があったが、勇気や決断力のない外務官僚たちは、怖がって問題点の指摘すらしてこなかった。

ともあれ、この文章の下にはページの半分の大きさを割いて日本軍が攻撃する写真が載っているが、その説明には「日本軍が瀋陽の城壁の上から中国東北軍を攻撃する」と書かれ、つぎのページには、東北民衆が日本侵略者のために東北を追われて、関内（万里長城以南の華北の地）に逃げ込んだときの「歌曲」の歌詞を載せている。

だが、これも全くの捏造である。

なぜなら満州に居住していた外国人（漢民族）は軍閥政府から苛斂誅求《かれんちゆうきゆう》の支配をうけ、暴行や強姦を日常茶飯事のごとく受けていたから、軍閥軍の追放を大歓迎していたのである。それゆえ満州在住の漢民族はだれ一人として、満州の地を逃げ出した者はいなかった。

さらに中国の中学歴史教科書における事変の南満州鉄道爆破の記述は、日本特務機関にいた人物が実行したとして詳細に描写している。すなわち、「十八日夜、島本大隊のなかの川島中隊の河本中尉が線路巡回を命じられ、部下数名を連れて柳条湖へ向かった。……八〇〇メートルばかり南下した地点に立って河本はみずから爆弾をしかけ……」と臨場感にとんだ表現で記述している。

こうした手法を頻繁に使用することによって、日本の帝国主義的侵略行為というものを子供たちにしっかり植えつける方法をとっているが、同様の手法で、日中戦争の舞台となった盧溝橋事件や南京虐殺事件、百人斬り事件、石井部隊による細菌戦など、加害者となっている日本軍人の実名と、どのようにして中国人が被害にあったかを微にいり細にわたって、現場を再現することによって真実らしく思わせ、同時に被害者の立場だけを強調している。

だが、中国歴史教科書の問題点は、中国があくまでも被害者というポイントに立った記述で、中国人が加害者の立場にあったことの記述は一切ないという点と、明らかに信憑性に欠ける内容でも、あたかも真実であるかのように脚色し、歪曲《わいきよく》と捏造《ねつぞう》で書き上げている箇所がきわめて多いことである。あくまでも中国政府や漢民族の主張が正当であるかのような記述に終始している。

そのうえアメリカをはじめ欧州諸国も、極東の万里の長城の北方に位置する満州の地など、まったく興味も関心もないから、満州をあたかも自国領土と何度も執拗に主張した漢民族中国の主張にしたがって、中国領土という認識を持ってしまっている。

中国としては、こうした欧米諸国のあやまった領土観・歴史観を、そのまま疑問を持たせることなく固定化する必要があるために、満州問題となると必要以上に、日本の残酷な所業という表現で、国内はもとより世界に向かって強く日本非難をアピールすることになる。

つぎに米国の場合には、教科書が全国共通の指導要綱によってつくられるものではなく、検定制度もない。

しかし、一貫して感じられるのは、帝国主義政策の時代からつねにアメリカが民主主義と自由をまもり、正義を重んじるというプロパガンダを行なってきたと記述していることである。さらに、米国は「強きを挫き、弱きを助ける正義の味方」ということを基本的スタンスとしている。

したがって、満州事変を起こした日本の立場を、急速に経済成長する日本が原材料獲得のために領土膨張を目的として満州へ侵攻したとして、満州そのものの歴史や満州民族と漢民族の確執、あるいはロシアのアジア侵略についての記述はない。

米国は早くから中国市場にたいして門戸開放政策を呼びかけ、武力による開放はけっして求めてこなかったと正義感を強く打ち出しているが、アメリカがハワイ王朝を騙《だま》してハワイ諸島を奪取したことや、米西戦争によって強引に海外領土を獲得したことも真実を秘匿したり嘘で脚色し、キューバの独立戦争を自由と正義にもとづいて行なったと、都合のよいことしか記述していない。

日米戦争にしても正義と自由を御旗にかかげたが、あくまでも自国に都合のよい自由と正義であった。

つまり、中国もアメリカも問題の本質を無視し、自国を正義・正当と位置づけて、日本を侵略者として非難するのみで、日本の立場や問題点、原因の追求などは意識して避けている点が大きな特徴である。

要するに米国も中国も、日本を満州から排除するために、満州事変やリットン報告書を自国に都合よく説明し、国際社会にたいしても数をたのんで日本を窮地に追いこんでいったのが実態であった。

満州事変は日本の中国侵略ではなく、満州民族の土地を外国人である漢民族中国と日本とアメリカが争奪し合っただけにすぎず、米中が欧州列強をまきこんで日本を排除しようとした帝国主義戦争であった。

二十一世紀の現在になっても、中国はしつこく日本が満州を侵略したと事あるごとに叫び、日本は政府も国民も黙ってしまうが、漢民族中国人こそ清朝時代から時間をかけて、外国人の土地である満州を侵略し奪い取ってしまった民族であることを非難すべきなのである。

それゆえ日本は清朝政府と正式に租借条約をむすんで権益を所有していたし、満州事変は満州の地で外国人である中国と日本が争って日本が勝利したにすぎないことを声を大にして主張し、中国に、いや世界にアピールしなければならない。

第二章　英仏を欺《あざむ》いたアドルフ・ヒトラー

(1) ズデーテン地方とはどんな所なのか

アドルフ・ヒトラーは一九三三年（昭和八）に政権をとると、軍事力を充実する姿勢を見せていたが、彼の狙いはドイツを徹底的に打ちのめした「ベルサイユ条約」の破棄と、欧州全土を自国領土とする大ドイツ帝国の実現であった。

とくに、ドイツを徹底的に叩きのめした「ベルサイユ条約」を破棄して、あまりにも過酷な負担を減じ、失地を回復することが不可欠な条件であった。

こうした考えは、おおむね、ヒトラーのみならずドイツ国民一般の強い感情でもあったといえよう。

ドイツ国民が領土回復を願っていた地域とは、アルザス・ロレーヌ、ラインラント、ポーランド回廊、チェコスロヴァキアのズデーテン地方などであった。そこでヒトラーが政権をとってから最初に打った手は、制限された軍事力を回復することであった。

第一次世界大戦後の独仏国境地帯

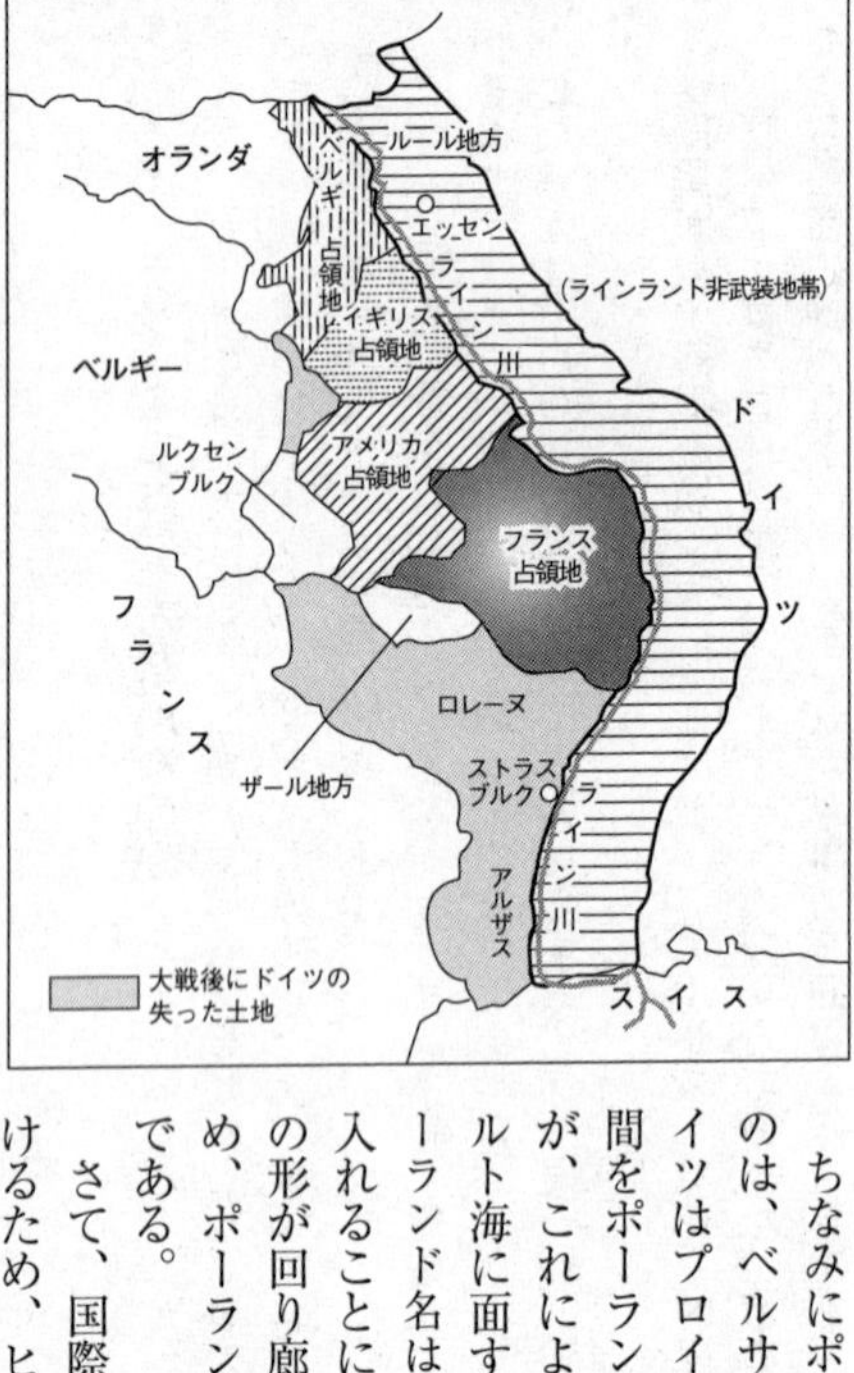

ちなみにポーランド回廊というのは、ベルサイユ会議の結果、ドイツはプロイセン地方と本国との間をポーランドに割譲させられたが、これによってポーランドはバルト海に面するダンツィヒ港（ポーランド名はグダニスク）を手に入れることになった。この割譲地の形が回り廊下のようであったため、ポーランド回廊と呼ばれたのである。

さて、国際社会からの非難を避けるため、ヒトラーは一九三三年十月に国際連盟を脱退したが、国民投票では九五パーセントの人々がヒトラーの連盟脱退を支持している。

一九三五年三月、ヒトラーは再軍備を宣言してヨーロッパを驚かせたが、その対策に急遽あつまった英仏伊三ヵ国の首脳は非難声明を出しただけで、何もできずに引きさがったのを見て、ヒトラーは一年後の一九三六年三月、ドイツ軍の駐留を禁じたロカルノ条約を破棄し、ライン河右岸のラインラントに自国軍隊を進駐させた。

ドイツ軍のラインラント進駐は、ヨーロッパ中に戦争の危機として恐れられたが、ドイツ国民の九八パーセントはラインラント進駐を支持したのである。

自信を深めたヒトラーは、一九三八年三月にはオーストリアに対して、民族の同一性を理由に、軍事的脅しをかけ併合してしまった。このときの国民投票でも、九九パーセントが併合を支持したのである。

そして次にヒトラーが目を付けたのが、チェコスロヴァキア北部のズデーテン地方である。

この地方は、ドイツと国境を接する半月の形をした丘陵地帯であるが、十世紀ころに西スラブ系民族のチェコ人が居住してボヘミア王国を形成していた。しかし、ドイツに隣接していることもあって十一世紀ころからは、ドイツ人が教会を先頭にして商業や技術をもって進出してきた。

一つには、ボヘミア国王が国内の封建貴族の勢力に悩まされていたため、財政的基盤を強化する意味でドイツ人の進出を歓迎し、保護する政策をとったからでもあった。

このため、ズデーテン地方はドイツ人の技術で鉱工業が興り、チェコスロヴァキアの中では経済発展の中心地となったが、同時にチェコ人にたいするドイツ人の優位がつづき、両民族の対立は深まっていった。

また中世時代、ズデーテン地方は、神聖ローマ帝国のルクセンブルク家の中心地となったこともあって、一五二六年以降は、ボヘミア王国の一部地域がオーストリア・ハプスブルク家の支配をうけることになった。

しかし、カトリックのハプスブルク家に対し、ボヘミア王国の国内諸侯はプロテスタントを支持して同盟を結び、ハプスブルク帝国に戦いを挑んだが、一六二〇年ヴァイサー・ベルクの戦いに敗れ、ボヘミア王国は独立を失い、オーストリア帝国の支配をうけてきた。

ところが十九世紀初頭になると、産業革命に成功した英国人がエルベ川をさかのぼってチェコに入り、資本や技術をボヘミア地方に投下したため、これまでドイツ経済圏の範疇《はんちゅう》にあったチェコ人の間に、英国を頼みとする「ボヘミア・ナショナリズム」が興り、ドイツ系移民との間に紛争が多発するようになった。

一方、十九世紀中葉になるとドイツでも産業革命が起こり、ズデーテン地方にも多額の投資がドイツからなされたため、ドイツ系人口は三〇〇万人にも達して重工業地帯を形成するまでに発展をつづけた。ところが第一次世界大戦の結果、ドイツ帝国とオーストリア・ハンガリー帝国は解体され、チェコスロヴァキアは一九一八年に独立を達成した。

十九世紀後半以降、この地域の帰属をめぐってチェコ人とドイツ人との間に対立が内在したが、チェコスロヴァキアが独立したことによって、ドイツ人の多く居住するズデーテン地方では、その帰属をめぐって民族的対立が表面化し、いっそう激しさを増していた。

ヒトラーはこの紛争に目をつけたのである。

(2) ヒトラーの野望とミュンヘン協定

一九三八年三月、オーストリアを併合したヒトラー・ドイツは、ついでズテーテン地方の併合を策し、チェコスロヴァキア政府にたいして領土の割譲を要求していたが、拒否をつづけるチェコ政府にたいしてヒトラーは、九月になると武力併合も辞さずとする強硬な態度を表明したため、軍事的危機が発生していた。

対独全面戦争の発生を恐れた英国のチェンバレンは、一九三八年九月十五日、まずベルヒテスガーテンでヒトラーと会談をした。この席上、ヒトラーは戦争も辞さずと言明したため会談は決裂、改めてゴーテスベルクにおいて会談を続行することを約束した。

しかし、三日後に行なわれたゴーテスベルク会談においても、ふたたび決裂したため、チェンバレンはフランスとイタリアにも呼びかけ、三ヵ国首脳でヒトラーを説得する方針に切りかえた。

こうして開かれたのが、九月二十九日のミュンヘン会談である。すなわちチェンバレンのほかに、フランスのダラディエ、イタリアのムッソリーニを加えてヒトラーとの会談を持った。

ヒトラーはズテーテン地方の即時割譲をもとめ、事態は深刻化したが、ドイツとの戦争を極度に恐れるチェンバレンは仏伊首脳とも協議の末、ズテーテン地方をドイツに割譲することに同意し、チェコスロヴァキア政府にも領土割譲を勧告した。

いわゆる「ミュンヘン協定」である。

ミュンヘン協定（一九三八年九月二十九日、ミュンヘン）〈抜粋〉

ドイツ、イギリス、フランス、イタリア四ヵ国は、ズデーテンドイツ地方の分離に関して既に原則的にその目的を達成した協定を考慮した上、この分離条件及び方式と、それがために講ずべき措置について、四ヵ国の意見が一致し、この協定によって、協定の完全実施を保証するために必要な措置に対して各自責任を負うことを、ここに明らかにするものである。

一、（チェコスロヴァキア軍のズデーテンからの）撤退は十月一日に開始する。

二、イギリス、フランス、イタリア三ヵ国は、（チェコ軍が）右地域よりの撤退を十月十日までに完了し、その際、現在の全ての施設を破壊しないこと、チェコスロヴァキア政府が右施設に損害を与えずして、撤退を実行する責任を負うことを協定する。

四、ドイツ軍部隊による、主としてドイツ人の居住する地域の段階的占領は、十月一日にこれを開始する。その他の地域については、十月十日までにドイツ軍部隊がこれを占領する。

七、（チェコスロヴァキア）住民の割譲地域への転入及び同地域からの転出に関する選択権は認める。

八、チェコスロヴァキア国政府は、この協定成立の日から四週間以内に、所属する軍事的・政治的諸団体からの撤退を希望する、すべてのズデーテンドイツ人を、これらの団体から脱退せしめるものとする。右の期間内にチェコスロヴァキア国政府は、政治犯により自由刑を課せられ服罪中のズテーテンドイツ人被拘留者を釈放するものとする。

この決定は、一方の当事国であるチェコスロヴァキアを参加させず、一方的にヒトラーの主張を取り入れたもので、大国同士の都合によって小国を犠牲とし、暫時の平和を得ようとする「宥和政策」であった。

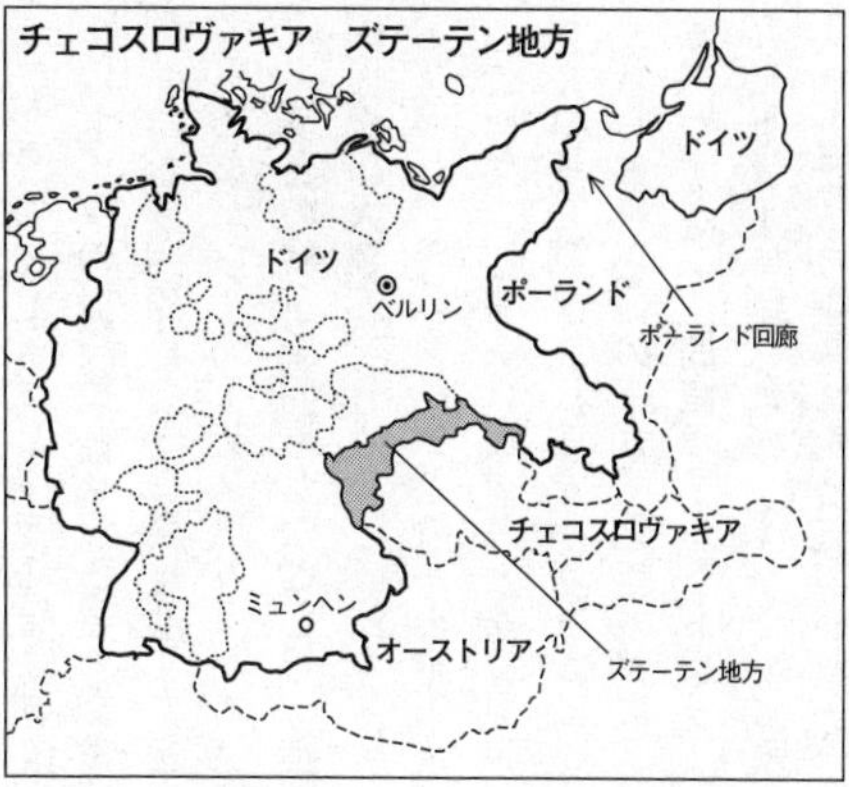

ヒトラーはズテーテン地方をドイツに割譲すれば、ドイツはこれ以上の領土拡張野心はもたないと明言したため、チェンバレンはヒトラーの言を信じて譲歩したものだ。

だが実際には舌の根もかわかない六ヵ月後の一九三九年三月、チェコスロヴァキア国内の民族の内紛でスロヴァキア人とチェコ人が対立し、スロヴァキアが独立を宣言すると、ヒトラーは内戦勃発を防ぐとして軍隊を投入し、先ず「スロヴァキア」を保護国としてしまった。

スロヴァキア地方がドイツ保護領とされたために、ボヘミアとモラヴィア地方だけになった「チェコ」のハーハ大統領とフヴァルコフスキー外相はただちにベルリンに赴き、ヒトラーと交渉をかさねたが、ヒトラーの威嚇外交に屈して三月十五日にはドイツの保護領となることの文書に署名させられ、チェコスロヴァキアは独立後二十年でふたたび国際社会から姿を消すことになった。

当然ながらズテーテン地方はドイツに帰し、ズテーテンに住むチェコ人は追放されたが、ドイツとの戦争を回避したことで、英国に帰国したチェンバレンは「平和の使者」として英国民から大歓迎をうけた。

しかし、ミュンヘン会談から半年後にヒトラーが行なったスロヴァキアの保護国化にたいしてチェンバレンは成すことなく見送り、ポーランドにも領土保全を約束したものの、ドイツやソ連の動きに反応を示さなかった。

さらに半年後の一九三九年九月に、ヒトラーは隣国ポーランドに対して奇襲攻撃をくわえて、わずか二週間でポーランドをソ連とともに分割占領してしまった。チェンバレンは完全にヒトラーに騙《だま》されてしまったのである。

ヒトラーに騙されたと気づいたチェンバレンがドイツに宣戦を布告したのは、ヒトラーがポーランドに軍事侵攻した後であった。

(3) なにがチェンバレン首相に宥和政策をとらせたのか

結局、チェンバレン首相はヒトラー・ドイツに騙されてしまったわけであるが、なぜ、彼はヒトラーに対して宥和政策をとりつづけたのであろうか。

先ずチェンバレンの生い立ちと資質から探ってみたい。

ネヴィル・チェンバレンは、その父ジョセフ・チェンバレンの次男として生まれた。父のジョセフは筋金入りの帝国主義者として知られ、アイルランド自治法案に反対したり、南アフリカではオランダ系移民がつくるオレンジ自由国とトランスヴァール共和国を奪うために、彼らが英国に開戦を余儀なくさせるまで追い込んでボーア戦争を起こし、結局、両地方を征服して英国植民地にするという実績を持っていた。

長男で兄のオースチン・チェンバレン（Joseph Austen Chamberlain）は、早くから政界に入ったため、父親の財産をうけついで数種の会社の重役をかねた次男のチェンバレンが政界入りしたのは、バーミンガム市長となった一九一五年である。

一九一八年には下院議員となり、その毛並みの良さもあって早くから内閣に迎えられ、一九二〇年代には郵政相、保健相、蔵相を経験し、一九三一年のマクドナルド内閣では蔵相となり、経済恐慌のさいには保護貿易政策を推進した。

この経歴がしめすように、彼は「経済人」としての資質が高かったことが分かるが、経済にかかわる人間は、一般に戦争のような武力行使を嫌う

なぜなら、戦争ほど金を浪費して経済を疲弊させるものはないからである。

また、チェンバレンに宥和政策をとらせた理由として、兄弟間の功名争いがなかったとは言えない。それは、同じ政治家であった兄のオースチン・チェンバレンにたいする競争心であった。三歳年上の兄オースチンは弟のネヴィル・チェンバレンより二十六年も早く政界入

りをし、蔵相を二回経験したあと、一九二四年には外相として国際間の緊張緩和に尽力をしていた。

とくに、一九二五年十月にスイスのロカルノで結ばれた「ロカルノ条約」では、七ヵ国の首脳の中で主導的役割を果たし、独仏国境と独ベルギー国境の安全保障、ラインラント（ライン川右岸地帯）の非武装を約束させ、欧州に平和を招来したとして高く評価された。

その結果、チェンバレン、ブリアン（仏）、シュトレーゼマン（独）の三人は揃ってノーベル平和賞を受けるという輝かしい名誉を手にしていた。

さらに、一九二八年八月には、フランスのブリアン（Aristide Brian）が米国のケロッグ国務長官とともに「不戦条約（Treaty for the Renunciation of War）」を提案し、十五ヵ国がパリに集まって署名し、その後、国際社会に拡大したほど、戦争を違法ととらえる風潮がひろまりつつあった。

つまり、表面的には平和ムードが世界をおおっていたのである。

ネヴィル・チェンバレンにして見れば、こうした平和ムードは国際社会の希求しているものであり、宥和政策は間違っていないと考えた以上に、兄におとらず平和の使者としての賛美を得たかったという心理も働いたことは容易に推測ができる。

このためチェンバレンは一九三七年に首相となると、再軍備をはじめたドイツの膨張政策をおそれ、反独派の外務次官ヴァンシッタートを閑職にまわし、同じく反独派の外相イーデンを辞職させて対独宥和政策を進める方針をとった。

では、なにゆえチェンバレンはドイツを恐れたのであろうか。

その最大の理由は、凋落《ちょうらく》がつづく大英帝国の衰退に歯止めをかける必要があったからである。英国のナショナル・パワーとしての絶頂期は十九世紀いっぱいまでと言ってよく、二十世紀に入ってからの英国は徐々に階段を降りはじめていた。

第一に、経済力の衰えである。

英国の経済パワーは一八八〇年にトップの座をアメリカに奪われていらい、下降の一途をたどり、一九〇〇年から一九一四年までにはドイツにも二位の座をあけわたした。

そのうえ、第一次世界大戦の結果、大英帝国内の植民地を結ぶエンパイア・ルートを往復するための大量の商船を喪失し、海運にたよる貿易国家の基盤を大幅に低下させていた。しかも大戦後は、欧州貿易と南米貿易を米国に奪われ、アジア貿易を日本に蚕食《さんしょく》されつつあった。

第二に、政治的パワーの衰えである。

インドでの独立運動に悩まされていた英国は、アフガニスタンまでが反英独立運動をかかげると、利益の少ない土地という理由で一九一九年には独立を承認し放棄してしまった。

さらに一六五〇年いらい植民地として支配してきたアイルランドに対しても、一九二一年に独立をあたえる結果となり、また英国の重要な財源となっていたインドでは、独立運動が頻発していた。

反英独立運動は、これだけに止まらず、エジプトにおいても続発したため、一九二二年には条件つきながらエジプトに自立を認める決定を下した。

こうした植民地の独立運動は、第一次大戦後、委任統治領となったイラクとパレスチナ地方においても活発となり、サウジアラビア半島の湾岸諸土侯地域やイェメンなどにおいても反英運動が盛んとなった。

このため、イギリスは警察と軍隊をつぎつぎと派遣して沈静化をはかったが、財政上の出費は国家財政を悪化させ、英国経済をますます圧迫していた。これ以上の軍隊派遣は国家財政の破綻につながるとして慎重にならざるを得なかった。

第三に、威信の低下である。

列強諸国にとって第一次大戦後の最大の問題はドイツの賠償問題であったが、柔軟に対応しようとする英国は、対独復讐に燃えるフランスを説得できず、パックス・ブリタニカの威信も大きく低下した。

原因は、英国にフランスの国家財政を助けるだけの資金的な余裕がなかったからである。

結局、ドイツのかかえた巨額の賠償金は、新興国家のアメリカが肩代わりをする結果となった。

そこに襲ったのが世界経済恐慌である。

経済回復のために、それまで伝統的に採用してきた自由貿易主義をすて、保護貿易政策に転換して「ポンド・ブロック」を形成した結果、イギリスの政治的・経済的パワーと国家威信は大いに低下してしまった。

こうした状況下にあったことが、チェンバレンをして小国を犠牲にしてでも軍事的危機を回避しようとして、ヒトラーに譲歩をした理由である。

（4）ドイツ国民の怨念を理解できなかった連合国

一方のヒトラーは一九一九年にナチスの前身である「ドイツ労働者党」に入り、まもなく党首となるが、彼は一九二〇年二月二十四日にドレクスラーとともに、二十五ヵ条から成る「党綱領」を発表している。

ヒトラーが一九三二年の選挙で第一党に躍進したさいのスローガンも、党綱領の実現を目指すべく国民に訴えて支持されたものである。

では、ナチスの党綱領とはいかなるものであったのか概略を見よう。

ナチ党綱領二十五ヵ条（一九二〇年二月二十四日）〈抜粋〉

一条　すべてのドイツ人が大ドイツ国家を目標として結集することを要求する。

二条　我々は、ドイツ民族の平等権とベルサイユ及びサン・ジェルマンの講和条約の破棄を要求する。

三条　我々は、ドイツ民族の食料供給と過剰人口の移住のために、（外国）領土と土地（植民地）を要求する。

四条　信仰の如何《いかん》を問わず、ドイツ人の血統を持つ者に限り、民族同胞たることができる。

六条　国家の執行および立法の決定権は、国家公民にのみ与えられる（ユダヤ人は排斥）。

十一条　労働によらず、努力によらない所得の廃止。利子奴隷制の打破。

十三条　我々は既に社会化された全ての企業の国有化を要求する。

十六条　我々は健全な中産階級の創設維持と、大百貨店を即時、市町村有化してこれを小企業者に低料金をもって賃貸する。すべての小企業者を最も敏感に考慮に入れることを要求する。

十七条　我々は国民の要求に適合した土地改革と、地代の廃止、あらゆる土地投機の防止とを要求する。

二十二条　我々は傭兵の廃止と国民軍の編成とを要求する。

二十五条　以上のすべてを遂行するため、我々は次のことを要求する。ドイツ国の強力な中央権力の創設。ドイツ全国及びその組織一般の上に超越する、政治的中央議会の無制限な権威。

この綱領は、一九二六年五月になって不変のものと宣言されている。

これほど明確にヒトラーはドイツの野望として綱領を発表し、ドイツ国民も十分にヒトラーの野心を理解したうえで彼を支持し、総統へと押してきたのである。

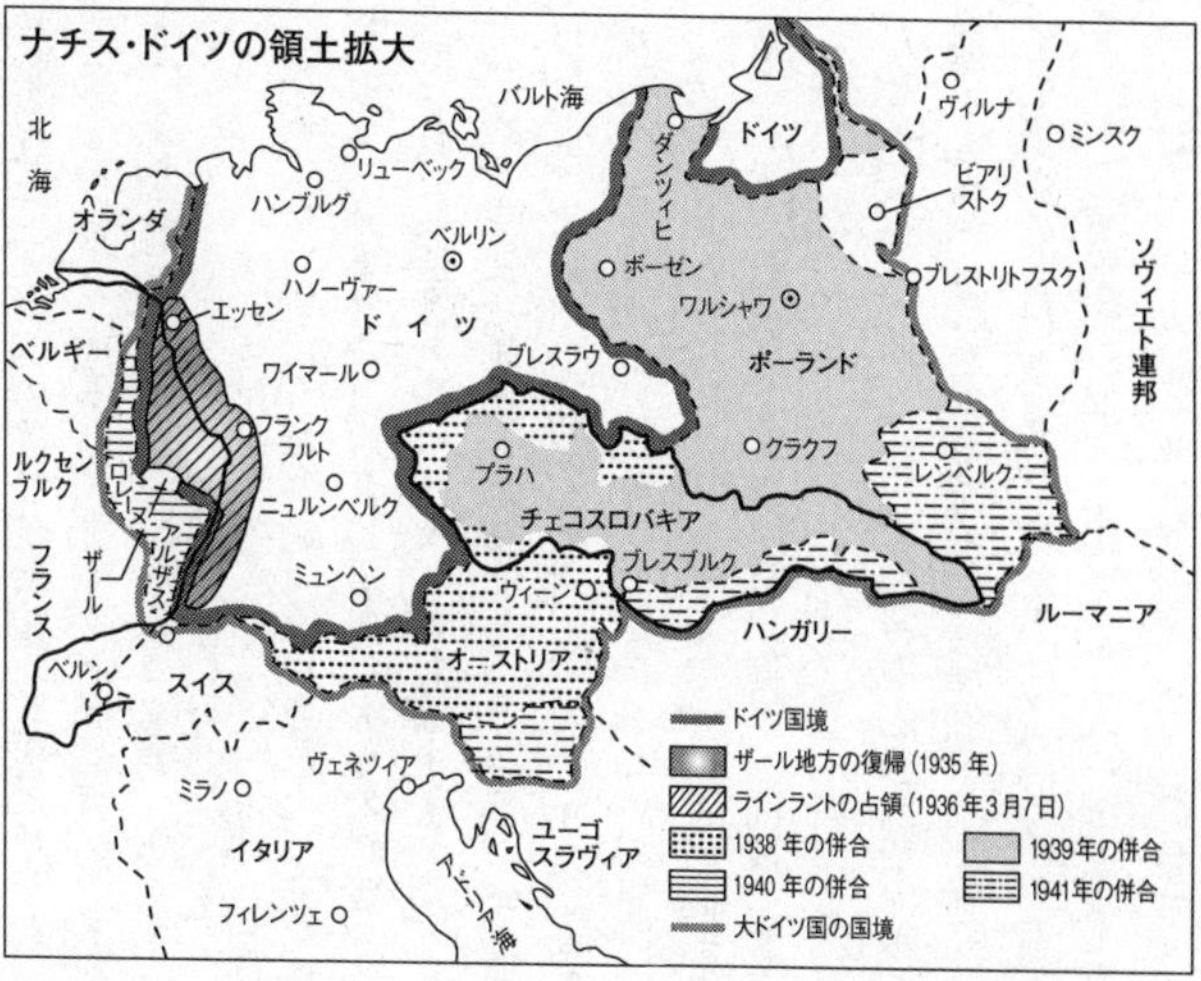

しかも、この党綱領に従うように、ヒトラー内閣が一九三三年一月に成立すると、同年十月には国際連盟を脱退、一九三五年には再軍備を宣言し、三六年にはラインラントに進駐、さらに同年にはスペインの内戦に介入し、三八年にはオーストリアを併合してきた実績を持っていた。

チェンバレンはヒトラーとの交渉に当たり、あくまでも英国一国の利益を念頭においた交渉に終始したが、ドイツ人の怨念と国際情勢の分析を見誤ってしまった。

ドイツ人の怨念とは、一九一九年六月にドイツと連合国とのあいだに結ばれた、「ベルサイユ講和条約」にたいする反発である。

ベルサイユ条約はドイツにとって余りにも過酷な内容であった。

領土については、すべての海外植民地を

放棄させて連合国の委任統治領（準植民地）とし、ドイツ本国からは七分の一の領土を削ってフランス、ベルギー、ポーランド、デンマークへ割譲し、そのうえ東部ではポーランド回廊によって国土を分断されることになった。さらに戦争によってドイツは人口の十分の一を失った。

軍備については、徴兵制は廃止されたうえに陸軍は十万人、戦車などの機甲兵器の開発を禁止し、海軍は一万六五〇〇人、大小の艦艇をふくめて十万トン三十六隻までの保有だけが許され、航空機と潜水艦の保有も禁止されたうえに軍事教育も許されなかった。

また、主要な軍事基地であるヘリゴランドやキール軍港などは破壊され、フランスとの国境付近を流れるライン河の右岸三十マイル（約五十キロ）までは非武装地帯とし、左岸はベルギー、イギリス、フランス、アメリカの軍隊が十五年間駐留することになった。

そのうえ、一六〇〇トン以上のすべての商船と、漁船の四分の一を連合国へ引き渡し、家畜、石炭、石油製品、機関車、貨車、機械、海底ケーブルなども連合国へ拠出しなければならなかった。

そして「トドメ」として、一三二〇億金マルクという天文学的な数字といわれる巨額の賠償金を課せられたのである。

賠償金の受け取りの割合も、フランス：五二パーセント、英国二二パーセント、イタリア：一〇パーセント、ベルギー：八パーセントと決定していた。

しかも、一九二一年四月までに二〇〇億マルクを支払うようドイツに要求したが、ドイツは二二年四月にようやく十八億マルクを支払えただけで、二〇〇億マルク全額の債務履行は不可能であった。

このため、フランスとベルギー軍によるルール地帯の保障占領をうける事態まで生起していた。

欧州の大国であったドイツにたいして、ベルサイユ条約の条件はあまりにも過酷かつドイツ民族の誇りを失わせ、国家威信をうばうには十分過ぎるほどの条件であったが、いわば連合国による復讐以外のなにものでもなかった。

そうであればこそ、一九二二年四月にはジェノア国際経済会議のさなかに、国際連盟に未加盟のソ連とドイツは「ラパロ条約」をむすんで国交を回復したばかりでなく、ナチスが登場する十年以上も前に、ソ連とのラパロ条約で「付属秘密議定書」をむすび、ソ連赤衛軍の訓練をドイツ軍人が援助し、かわりにドイツ軍に禁止された航空機や戦車などの新たな装備開発をソ連国内でおこなうことを秘密裏にきめていたのである。

そもそもベルサイユ条約において、これほど過酷な条件をドイツに課したこと自体が、連合国側の失敗であった。

それゆえ、ベルサイユ会議を主導した英国のロイド・ジョージや、フランスのポアンカレなどの責任は大きい。ミュンヘン会談でチェンバレンのとった「宥和政策」だけを批判するのは当を得ていない。

また、ヒトラーの侵略行為を未然に防ぐという意味では、一九三六年にヒトラーがラインラントに軍隊を進駐させたさい、フランスも直ちに軍隊を国境に集結させて一触即発の危機に立ちいたったことがある。

この時、フランスのルブラン首相と英国のボールドウイン首相が国家の命運をかけて開戦していれば、ドイツ軍の軍備は装備面も組織面も未完成の時期であったから、ドイツ軍は敗北を喫していた公算がつよい。

むしろ、チェンバレンを批判するのであれば、ズデーテン問題の後で、ヒトラーが半年もたたないうちにスロヴァキアを併合した時点で、軍事行動を起こすことを決断しなかったことこそが責められるべきである。

(5) ドイツ人はチェンバレンを騙したことをどう思っているか

ドイツにおける歴史教育は日本とちがって、小学校四年生以上になると三つに分かれる。

すなわち、
①大学に進学する者を対象とする中・高一貫教育のギムナジウム(九年制)
②事務職や技術職につくための実科学校(六年制)
③手に職をつけるための基幹学校(五年制)
へ進むことになる。

そして歴史の授業は、日本の中学生にあたる十三歳からはじまり、ギムナジウムと実科学校では四年間、基幹学校では三年間おこなわれる。

歴史教育の内容は、一年目は古代史、二年目は中世から近世史、三年目は近代史、そして四年目に現代史を教える。教科書は、各州・各学校に選択権があるため一律ではないうえに、各州に文部省があるため、全国統一された歴史教育がおこなわれるわけではない。

ただし、第二次大戦の責任については、ドイツ人のほぼ全体がドイツがはじめた侵略戦争で、責任はドイツにあることを認めている。近隣諸国への侵略行為や、ユダヤ民族にたいする浄化行為について、始めから誤りとして認めてしまっている。

したがって、ラインラント進駐、スペイン内戦介入、オーストリア併合、ミュンヘン会談、ズテーテン併合、独ソ不可侵条約の締結、ポーランド攻撃など個々の事案については、小中高いずれの教科書も外交上の騙《だま》しや、軍事的侵攻作戦による相手国の損害や被害状況などを記述していない。

ユダヤ民族の浄化にたいしては、犯罪行為として認め謝罪をしているが、他国への侵略行為を誤りとして認めてはいるものの、謝罪はしていない。

理由は奇襲的攻撃ではあっても相手も反撃し、戦争となってドイツ軍にも軽微とはいえ損害が出ているからお互い様という認識を持っているからである。

ヒトラーがチェンバレンを騙した行為についても、授業のなかで教師が説明し、生徒がそれに意見を述べる方法がとられているにすぎない。

ただ、ドイツ政府が一九四八年におこなったアンケートでは、第二次世界大戦は、ドイツ国民がナチに騙されていたとか、悪いのはナチ政権だとする考えがある一方で、侵略戦争をしたり、ユダヤ人を迫害したのは悪かったが、ナチの理念はそれほど悪いものではなかったとする意見が五五パーセントもあった。

一九五一年の世論調査においても、ヒトラーがやったことは悪いことばかりではない。アウトバーン（高速道路）を建設したし、失業状態を救ったりしているうえに、戦争犯罪をおこしたのは他の国も同じとする意見も多い。

一つには、戦後、占領地であった東ヨーロッパ地域から、ドイツ人が故国へ引き揚げるさいに、東欧諸国の住民たちから残酷な仕打ちをうけ悲惨な目にあったことも、こうした意識の要因になったようである。

ただ、全体的にドイツの教科書は、戦争責任の問題を真剣に考えるよう工夫されてはいるが、ナチスの問題になると同情や反発、あるいは抵抗が大きいというのも事実である。

たとえば、一九七五年の世論調査で「ナチ政権」は「悪くなかった」と答えたのは三五パーセントであったものが、一九九〇年の調査でも「悪くなかった」とする意見が依然として三〇パーセント以上あったということは、戦後生まれの若者の一部にナチスを賛美するものが台頭していることと無縁ではない。

ともあれ、ヒトラーとの会談で当事者となった英仏や、のちに連合国側にたったアメリカなどは、チェンバレンがヒトラーに騙されて「宥和政策」を行なったとする解釈が強い。その結果、ヒトラーを増長させて、第二次世界大戦への引き金がひかれたと見ている。

それゆえ、もしもチェンバレンが宥和政策をとらず強硬策をとっていた場合には、英仏との戦争は生起せず、独ソ戦争だけが行なわれてソ連が崩壊した可能性がつよく、したがって米ソ冷戦構造は存在しなかったであろうとする仮説が、まことしやかに記述されることになる。

ドイツ人の感覚では、ヒトラーがチェンバレンを騙したという意識はないと言ってよい。

第三章　日本海軍と外務省を罠にかけた米国

(1) 対日イメージの悪化が日米相剋の伏線となった

日米相剋の淵源をさかのぼれば、じつは明治維新後の十三年目からスタートしていたと言ってよいかも知れない。

というのは、アメリカが建国からわずか一〇〇年にして、世界経済のトップに躍り出たのが一八八〇年(明治十三)だからである。広大な国土に豊富な鉱物資源とエネルギー資源、そして食料資源を保有する米国は、欧州その他から多数の移民を受け入れて、二十世紀の到来をまたずに低賃金・大量生産に邁進する大工業国家へと変身していった。

アメリカ合衆国は建国以来、フロンティア(開拓)精神のもと西漸運動によって領土を西へ西へと拡張してきたが、一八六九年に大陸横断鉄道の完成とともに、フロンティアを進める土地がなくなり、海洋をこえて新たな土地をさがす必要が出てきた。

そこで打った手が欧州列強の手がとどいていないハワイである。一八九七年には日本の抗

アメリカ合衆国の中米進出

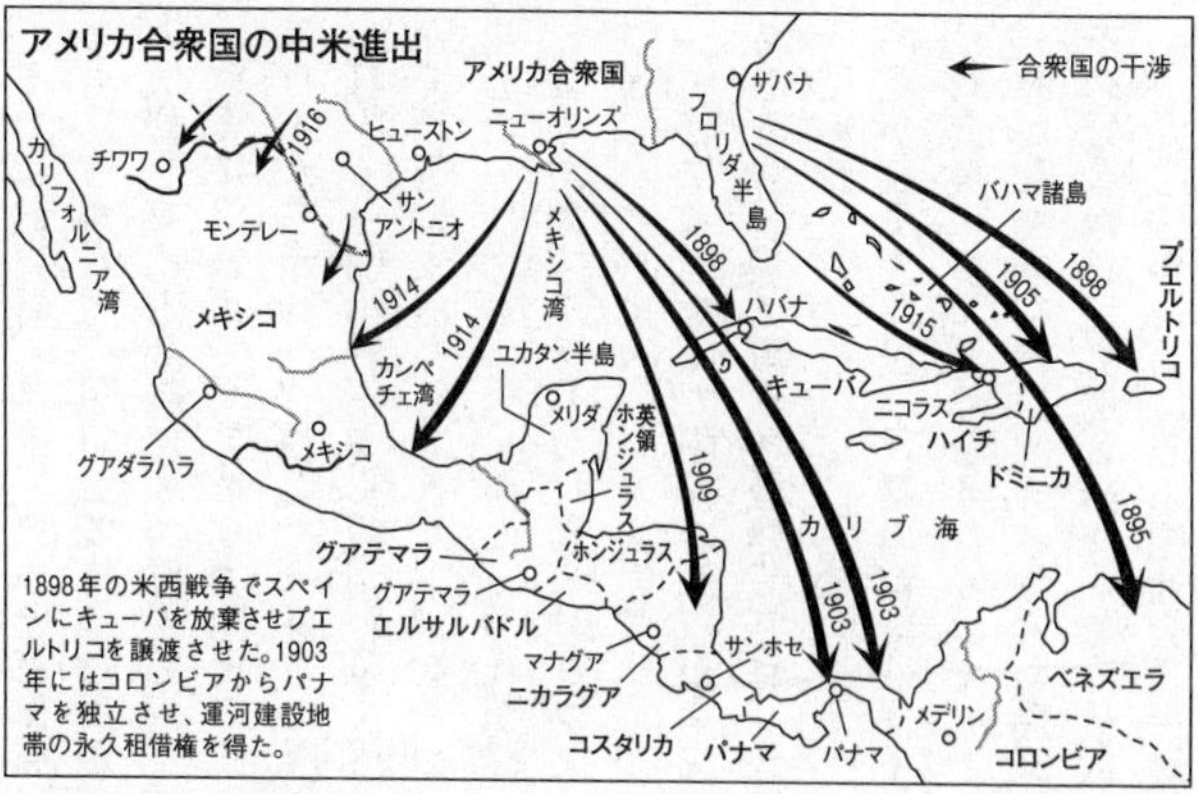

1898年の米西戦争でスペインにキューバを放棄させプエルトリコを譲渡させた。1903年にはコロンビアからパナマを独立させ、運河建設地帯の永久租借権を得た。

議にもかかわらず、米上院はハワイとの併合条約を批准し、さらに翌一八九八年には、欧州の病人にまで成り下がっていったスペインと戦争を起こして、グアム、フィリピン、そしてカリブ諸島を獲得した。いわゆる海洋帝国主義の促進である。

このため、日本に近いフィリピン諸島に日本の関心が向かないよう、日本の目をそらす必要から、二十世紀初頭の対日外交では、日本の朝鮮政策や満州方面への進出を黙認または支持する政策をとっていた。

それゆえ、日露戦争に勝利を得た一九〇五年ころまでの日米関係はおおむね良好といえた。

ところが、日本が白人の巨大国家であるロシア帝国を、陸上戦闘・海上戦闘ともに完膚なきまでに叩きのめすという、世界戦史上未曾有の軍事的天才ぶりをしめして大勝利を得たうえに、朝鮮半島から満州方面に多数の特殊権益を保有するようになると、アメリカの対日警戒心はいっきょに膨れ上がった。

ここにおいて、米国国務省と海軍省は、日本を仮想敵と見るまでに警戒感を強く高めるとともに、対日戦を想定して打った手がハワイに大軍事基地を設置することと、パナマ運河を大改修して主力戦艦が大西洋から太平洋に通過できるようにしたことである。

さらにくわえて、アメリカ国民の間にも対日イメージを悪化させる要因が存在した。それは日本から米国へ移住した人々との感情的対立であった。

日本では明治維新から西南戦争をへた結果、維新政府による社会改革は、既存の体制のなかで順調に生活をしてきた下級武士や一般庶民にまで、変革の嵐がおしよせ生活困窮者が続出した。

このため、アメリカに新天地をもとめて移住をする者が全国的規模でおこり、はじめはハワイに、ついでカリフォルニアへ渡って農業に従事していった。

すでに米国では大陸横断鉄道が完成し、鉄道建設のピークは終わっていたが、鉄道にそって五万人規模の町が多数建設され、人口をやしなうための農業・牧畜業は発展の一途をたどっていた。

だが日本人移民は言葉の壁にはばまれて、都市や公共機関などで働くことができず、もっぱら農業に従事するしかなかった。

移民した当初は、アメリカ人の農家にやとわれて種まきや収穫を手伝う作業に従事したが、その賃金は移民労働者のなかでは最低だった。

一九〇〇年における米国社会の労働賃金を見ると、白人労働者は一日働いて二ドル、清国人は一ドル、日本人は五十セントで農作業を請負っていた。

しかも、米国人はもとより欧州や中米地域から移住してきた人々は、皆キリスト教徒であったために、土・日は安息日として仕事をせずに体を休めたが、日本人は故郷へ錦をかざることを思いえがきながら、土曜日も日曜日も懸命に働きつづけた。

やがて小金をためた日本人は土地を購入し、農場主となって白人社会のなかで地位を向上させていった。

ところが、安息日である土・日に仕事を休むアメリカ人は、教会に出かけるばかりでなく、地域社会のために奉仕する習慣があり、そうした白人社会から見ると、日本人移民は米国社会になじもうとせず、そのうえ背も小さく猿のような黄色い人々で、金を稼ぐことに懸命であり、地域社会への貢献など何もしないズルイ移民という認識で、いわば誤解と偏見を強くもつようになった。

日本人移民は、白人社会とのコミュニケーションも持たず、安い土地を購入し、あるいは日本へ送金するばかりか、結婚相手さえも日本から呼び寄せていたから、アメリカ人が一様に嫌悪感をいだくようになったのも無理からぬものがあった。

というのは、ヨーロッパからの白人移民たちは宗教的迫害や圧政・貧困から逃れてきたために、故郷へ錦をかざるなどという気持ちは全くなく、新天地アメリカで成功しようと必死に頑張っていたからである。

このため肥沃な農耕地であるカリフォルニアの土地を日系人が買い占め、農場主となって多くの白人を使用するようになると、このまま推移すればやがてカリフォルニア州は日本の領土になってしまうのではという不安に駆られ、一九〇〇年ころにはサンフランシスコを中心に、日本人移民の排斥運動が起こった。

その結果、日本人移民の学童を白人子弟のかよう学校には通学させない「日本人学童児童隔離運動」がおこり、一九〇七年（明治四十）には日本人の移民そのものを制限する法律もカリフォルニア州議会で成立した。

日本人移民を通して日本人全体を見るステレオタイプが出来あがったわけだが、典型的なものは、話しかけても黙ってニヤニヤ笑うだけの日本人に、彼らは不気味な民族という感情をもった。

だが日本人移民の側からすれば、言葉が通じない相手にたいして、敵意を持たせないために笑顔を向けるしかなかったのであるが、白人たちには不気味としか映らなかった。

つまりコミュニケーション・ギャップからイメージ・ギャップへと発展し、それが日米関係にも大きな影響をあたえることになってしまった。

現代のように情報化や国際化が進展している社会では、イメージ・ギャップもコミュニケーション・ギャップも生じることは少ないが、二十世紀前後の社会では問題解決どころか、ますます溝を深くしていった。そして当然ながら、米国人の見る日本人全体のイメージは、ズルイ卑怯な国民という悪者イメージが定着するようになった。

こうしたアメリカ人の対日イメージを悪化させる要因が、カリフォルニア州のなかでも特にサンフランシスコという土地柄にあった。現代においてもサンフランシスコという街は、米国社会の風潮や流行をうみだす場所として有名であるが、一九〇〇年代の初頭においても、すでにその風潮は顕著であった。

これは日本が日露戦争を遂行するにあたって、外債を募集すべく米国経済界に働きかけるため、外交官や経済界の代表をアメリカ西海岸から送り込んださいに、サンフランシスコを始めとする西部地方・中部地方では全くと言ってよいほど、日本の外債を買おうとする者がいなかったことにも顕われている。

かろうじてニューヨークのユダヤ人であるヤコブ・シフ商会が六〇〇万ドルの外債を購入してくれたが、これは日英同盟にもとづくイギリスのロスチャイルド家からの要請であった。あまりにも冷たい反応を見た日本政府は、ニューヨークの造船所の方が安かった（一二八万ドル）にもかかわらず、あえて建造費の高いサンフランシスコの造船会社（一四二万ドル）に、軍艦の建造を依頼して対日イメージの好転を期待せざるを得なかった。

一九〇六年十月には、先にも述べたとおり、サンフランシスコ市当局が日本人の学童を白人学校から隔離すると発表したことから、日本政府が抗議をするなどの事件へと発展した。

当時の大統領セオドア・ローズヴェルトは基本的には黄禍論的な考えをもっていたが、移民問題で日米間に危機をもたらすのは得策でないと判断し、市当局に差別的隔離を撤回させ、かわりに日本が移民制限をおこなうという「紳士協定」をむすんで危機を回避させた。

事実、一時は日米戦争の噂をばらまく文書が出ていたほどである。

だが、移民問題はその後も一九一三年、一九二四年と何度も再燃して、日米間の相剋に拍車をかけることになった。

ローズヴェルトの後をついだタフト大統領の時代には、国務長官にフィランダー・ノックスが就任したが、彼は中国におけるアメリカの権益を重視し、中国にたいして同情的な人物だったこともあって、反日的な専門外交官を採用するとともに日英同盟を敵視した。

このため、一九一一年に辛亥革命が起こって清朝が倒れ、あらたに中国に共和政体が誕生すると、これを積極的に支持し日本との溝をさらに深めた。

しかも一九一三年（大正二）に大統領に就任したウッドロー・ウイルソンは、タフトよりもさらに感情的に中国を支持し、同年には他国に先がけて新生中国を承認し、日本の大陸政策に挑戦する姿勢を見せた。彼は、歴代アメリカ大統領の中では、もっとも帝国主義政策を遂行した人物として有名である。

(2) ワシントン会議の暗号電報を解読されていた日本

第一次大戦が終了し、ベルサイユ条約が締結されて欧州問題は解決をみたが、アメリカはアジア・太平洋方面においても日本を牽制するための安全保障体制をしくべきであると考え、日本をはじめとする関係諸国にはたらきかけて、海軍力の制限や日英同盟を破棄させることを目論んで、ワシントン会議を提唱した。

この会議はアメリカ外交の勝利といわれるように、日英同盟を破棄させ、日本海軍の主力

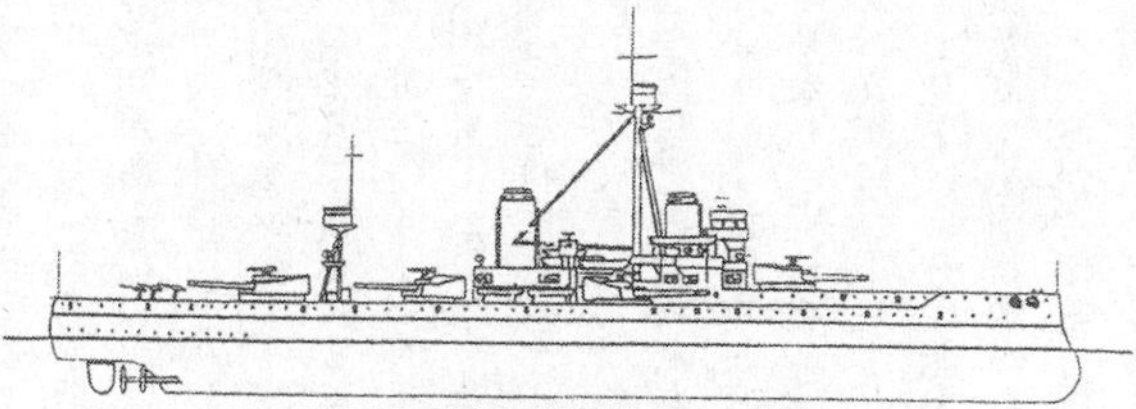

ワシントン軍縮会議の制限対象となった主力戦艦

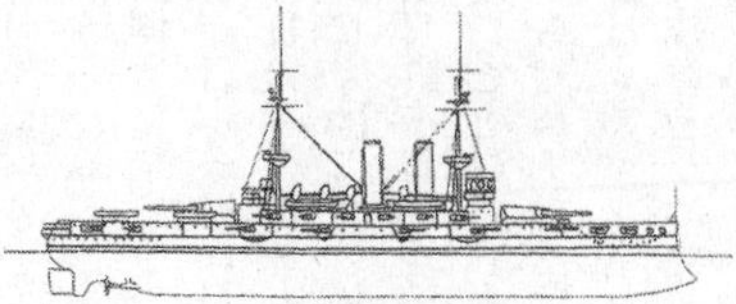

日露戦争当時の戦艦

艦保有率を低くおさえ、日本の中国進出をふせぐために四ヵ国借款団を結成させるなど、アメリカの狙いどおりの条約が締結された。

しかも一九二九年（昭和四）になって、七年前のワシントン会議における日本側代表団と英国側代表団の本国とのやりとりは、すべて米国国務省と陸軍省が事前に外交電報を入手したうえ、暗号の解読に成功し、日英側の思惑を事前に知って対策を立てていたことが判明した。

これは、一九二九年に米陸軍情報通信部の管轄下にあった暗号解読秘密組織「ブラック・チェンバー（機密室）」が、米国政府からの援助資金を打ち切られたために、そこの責任者であったヤードリー（Herbert O. Yardley）が、一九三一年六月になって『アメリカのブラック・チェンバー』という標題で暴露本を出版したことから判明した事実であった。

ヤードリーの暴露本は、アメリカ政府のみならず日本政府をもパニックにおとしいれた。

ヤードリーたちが解読した電報のうち、極東問題解決のために列強の間に太平洋会議開催の意向があることをはっきり示した最初のものは、一九二一年七月五日付のロンドン駐在日本大使（林権助）から、日本政府へあてて打電した第八一三号電報で、林大使がイギリスの外相ジョージ・カーゾンから会議打診をうけたという内容だった。

つまり、日本側も英国側も完全に手の内を読まれていたのである。

一九二一年十二月十日、日本政府は海軍軍縮会議に出席していた加藤友三郎全権にたいし、米国提案による米・英・日の主力艦保有比率五・五・三に同意するむねの電報「会議第一五五号」を打電し、ヤードリーはこれを解読して米政府に報告した。

かくしてアメリカは対日外交勝利を確信し、クリスマスの迫った「機密室」の中は、陸軍省や国務省の役人たちからとどけられた立派な贈物でうまり、喜びにあふれていた。その後、ヤードリーは陸軍長官から勲章まで授けられた。

輝かしい実績をあげたはずのヤードリーが、なにゆえ暴露本を出版したのかと言えば、一九二九年にフーバーが大統領となって、ヘンリー・スチムソンが陸軍長官に就任したが、ヤードリーは自分の能力と組織の重要性をスチムソンにアピールするとともに、それまで年間四万ドルを国務省から得ていた報酬を値上げしてほしいと要求した。

ところが、伝統を重んじるスチムソンは、秘密機関の存在など予想もしていなかったため、国務省関係の暗号解読作業を中止させ、ブラック・チェンバーの活動を封印してしまった。

仕事を失ったヤードリーは、折からの経済恐慌も手伝ってたちまち経済的苦境におちいったため、暴露本の出版による印税で生活苦を打開するべく決意した。

ヤードリーの暴露本を見た日本政府は当然ながら激怒し、幣原喜重郎外相は「信義に反する」として英国とともに、アメリカを非難する談話を発表した。

ただし、イギリスの軍事史家のロナルド・ウインによれば、日本側が怒ったのは、ヤードリーが『ブラック・チェンバー』を出版する前に、日本の暗号解読についての秘密を日本側に七千ドルで売りつけ、日本側がこれを買い取ったにもかかわらず、ヤードリーがこれを裏切って出版し、しかも世界的ベストセラーになってしまったからだと指摘している。

だが皮肉なことに、ヤードリーの暗号解読行為を卑怯として彼を解雇した陸軍長官スチムソン自身、日本との対立が厳しくなると、日本の外交電報や軍事電報の解読を積極的に推進する態度に豹変したのである。

たとえば、日本をかこむ太平洋沿岸各地に電波を傍受するための施設をもうけたり、陸軍や海軍に語学学校をつくり、日本語やドイツ語、ロシア語など仮想敵になり得る国家の言語を専門的に教育する機関を沢山もうけて、解読のみならず情報収集や工作のための人材育成にエネルギーを傾注しはじめたことである。

逆に、日本側はワシントン会議でのやりとりを盗まれていたにもかかわらず、米国のような徹底した対策をとらなかった。

そして、この情報格差がアメリカに対日謀略を徹底的に遂行させる原動力となり、日本の敗戦を決定的なものにしていった。

(3) 永遠の繁栄を迎えたアメリカの弱点は供給過剰だった

第一次大戦の結果、経済的疲弊におちいった欧州列強にかわって、アメリカが戦時中から各国に貸しあたえた戦争債権額は一一六億ドルに達したほか、一九一九年時点で海外への投資額も七十億ドルに達していたが、戦争からの復興がすすむと、米国の海外投資額はさらにふえて、一九三〇年には一七二億ドルへと飛躍していった。

ウイルソンの後をうけて大統領となったハーディング (Warren Harding) は「常態への復帰」をスローガンに、経済政策に力を入れたが、とりわけ米国巨大独占資本の利益を代弁するような内容となった。

それらは①外国製品にたいする高関税の復活、②所得税・相続税の大幅引き下げ、③民間企業に対する政府の規制緩和、④大企業に対する補助金の交付、⑤労働運動にたいする抑圧政策、⑥国家による海外市場の積極的な開拓と邪魔者の排除、などであった。

ハーディングは、アメリカの経済発展のために国際政治の安定を強くのぞんだが、それを乱す国家はソ連と日本という認識をもっていた。

彼は労働の価値を平等と見、資本家を排除する共産主義社会の実現をめざすソ連は、将来かならず資本主義経済のチャンピオンである米国を脅かす存在になると予測していた。

そこでアメリカがとった対ソ連政策は、外交関係のみならず経済も貿易関係も断絶して、ソ連を国際社会から孤立させておくものであった。

だが、日本はおなじ資本主義国家であり、先の大戦では連合国の一員として戦勝国となり、米国とともに戦争特需で経済力を飛躍的に増加させていたから、かならず太平洋方面と中国大陸に強固な足場をきずいて、米国の海外発展を阻止する国になると予測していた。

つまり日本はおなじ資本主義経済体制下にあるため、理由もなく経済的封鎖や外交関係を断絶することなどは不可能であったから、残る手段は、日本の軍事力、とりわけ海軍力を抑えることが重要な課題だった。

さらに、日本の軍事力を実際以上に有利にしている「日英同盟」を是非、解消させる必要があると考えた。その対策がワシントン会議だったわけである。

その結果、結ばれたのが日米英仏伊の五ヵ国による「主力艦保有比率」であり、中国への借款を日本に独占させないための「四ヵ国条約」であり、アジア太平洋地域の現状維持をもとめた「九ヵ国条約」であった。

一九二三年、ハーディング大統領はアラスカ視察中に急死し、かわって副大統領のクーリッジ（Calvin Coolidge）が就任したが、「アメリカのビジネスはビジネスである」というスローガンのもと、巨大産業を育成していったために、米国経済はますます空前の好景気となり、アメリカは「永遠の繁栄」を迎えることになった。

空前の好景気にわく米国社会は「アメリカ的生活様式（American Way of Life）」がもてはやされるとともに、米国が世界ナンバー1というナショナリズムも国民の間に醸成されていった。

保守的な「禁酒法」が制定され、シカゴのマフィアであるアル・カポネとFBIのエリオット・ネスが争ったのもこの頃であるが、同時にかつては移民が低賃金の労働力としてもてはやされた時代は終わりをつげ、むしろ繁栄を続けるためには移民は不要であるとの風潮もひろがった。

このため、一九二四年五月には、アメリカにとって最大の脅威と映っていた日本からの移民を対象とした「日本人移民入国禁止令」が、上下両院で圧倒的多数で可決成立した。

一九二〇年代の米国の繁栄は、重化学工業のみならず農業やサービス産業にもおよび、億万長者が多数輩出し、企業にもあらたな企業王が出現するなど、アメリカは世界経済のなかでは突出した存在となった。

とくに、米国は自動車社会が定着して航空機産業も盛んとなり、オートメーション化と大量生産がすすんで、大量の工業製品を製造するようになった。またニューヨークはロンドンと並んで、国際金融市場の中心的存在となった。

しかし、一九二五年ころになると、欧州諸国も戦争の痛手から立ちなおり、それまで米国や日本から調達していた物資を自国で生産するようになり、海外貿易を積極的におこなうようになったため、海外市場の重要性があらためて認識されるようになった。

日本は一九二五年（大正十四）をすぎると一転して欧州諸国からの貿易引き合いが減少し、大戦時とは逆に大不況が毎年つづくようになっていった。

一九二八年（昭和三）十一月、米国大統領としては初めて、カリフォルニア州からフーバー（Herbert Hoover）が選出された。

フーバーは長らくつづいた共和党政権で商務長官をつとめ、ハーディング、クーリッジ両政権のもとで経済政策を推進してきた人物であったから、米国経済界は彼に期待し、彼自身も経済の繁栄を人々に約束していた。

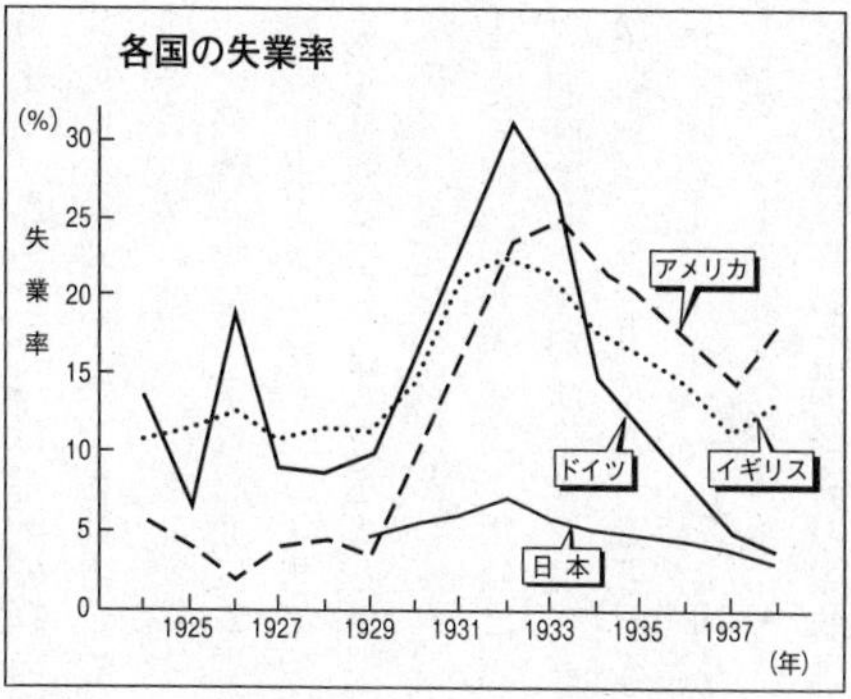

ところが、就任後一年とたたない一九二九年十月二十四日、ニューヨークの株式市場が大暴落し、これを切っ掛けとして世界史上未曾有の経済大恐慌が発生した。

世界恐慌の発生原因については、今日、さまざまな説明がなされているが、最大の原因は生産力と消費力のギャップという構造的不均衡が、長期間にわたってアメリカ経済のなかに存在していたからであると説明されている。

つまり、米国製品の生産過剰にもかかわらず、需要がのびなやんだ結果が株式市場を暴落させる事態をまねいたといわれている。

一九三〇年になると、アメリカは本格的な経済不況におちいり、企業による大量の首切りで失業者は街にあふれ出し、さらに恐慌は米国の経済圏にあったカリブ海諸国、中南米諸国、そしてアジアの植民地にも波及し、経済復興のために二億ドルを投資していたドイツ経済も真っ先に恐慌の波をかぶった。

その後、経済恐慌は急速にヨーロッパと日本など、資本主義経済国家の全経済部門におよび、一九二九年から三二年までの間に世界の工業生産は半減し、一九三二年末には全世界の失業者数は三千万人を超える事態となった。

アメリカだけを例にとっても、一九二九年には世界の工業生産高に占めるシェアは四三パーセントあったが、三二年には三一パーセントに落ち、輸出も五十二億ドルから十六億ドルに急降下し、国民所得は一九二九年の九八四億ドルから三二年には四六五億ドルに低下、失業者数は一九二九年の一五五万人から三二年には一五〇〇万人近くに増大した。

米国の工業生産は一九三七年に若干回復したが、翌年の三八年には二八・七パーセントとふたたび下降線をたどった。

経済恐慌後の米国経済の問題点は、稼働率の低さに原因があった。すでに大量生産のためのコンベアーベルトや電動モーターが導入され、経営管理技術も向上していたため、一人あたりの工業生産性は他国にくらべてかなり高かったが、一方では労働時間が大幅に削減されていたから、ニューディール政策だけでは解決できなかった。

たとえば、一九三八年度の鉄鋼生産量は、米国二六四〇万トンに対して、ドイツ二〇七〇万トン、日本六〇〇万トンであるが、日本やドイツがフル稼働していたのに対し、アメリカの鉄鋼プラントの三分の二は遊んでいたのである。

ちなみにソ連の工業生産高シェアは、一九二九年が五パーセントであるが、三二年には一一パーセント、三八年には一八パーセントと急速に拡大している。日本の工業生産高は一九二九年時点で二・五パーセント、上昇（三・八パーセント）に転じたのは一九三八年であった。

経済恐慌にたいしてフーバーは、余剰農産物の買い付けによる農産物価格安定のための連邦農場局を設置し、金融機関や鉄道事業を救済するための復興金融公社を設立したうえで、連邦の資金を各州に貸し付けて公共事業を興して失業者を救おうとした。

だが、この恐慌から立ち直るためには、徹底的に経済構造を変革させることが必要であったが、フーバー政権にはそうした大鉈をふるう人物がいなかった。

これまで自由放任政策で未曾有の繁栄を実現してきた為政者には、国家権力の介入などの手段をとることができなかったのである。

こうした状況のなかで起こった満州事変にたいして、スチムソン国務長官は日本にたいしてドクトリンを発表したが、国際社会も米国社会も興味を示すことはなかった。

（4）持てる国と持たざる国の色分け

経済恐慌の影響はイギリスでも深刻だった。一九三〇年になると英国経済も目に見えて停滞をはじめ、失業者数も二〇〇万人を突破したうえに、インドをはじめ世界各地で独立運動

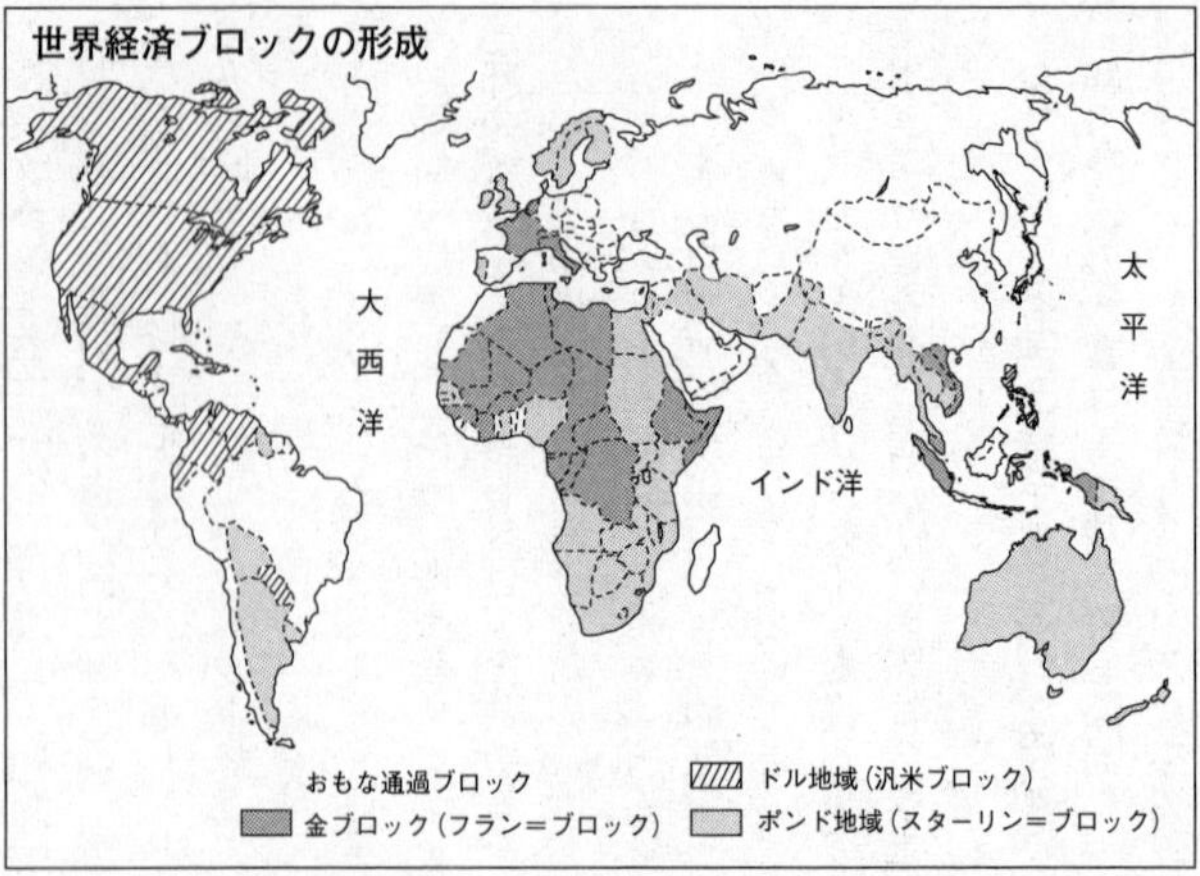

が激化するなど内憂外患がはじまった。

一九三一年には失業者数は三〇〇万人を突破したため、金本位制を停止し、公債利子の引下げや保護関税を設定して国内産業を保護しようとしたが、これは英国の伝統的な自由貿易政策を放棄したことを意味した。

それでもイギリス経済は下降の一途をたどったため、一九三二年七月にカナダのオタワで開催した「英帝国会議」において、英国は自治領諸国との間に特恵関税制度を成立させ、排他的な「経済ブロック」を導入した。

これによって、世界経済における英国の地位は決定的に低下しただけでなく、アメリカ、フランス、スペイン、オランダなど植民地をもつ国家にも経済ブロックを形成させる切っ掛けをあたえ、かつブロック間での競争をいっそう激化させることになった。

ただし、アメリカの場合は門戸開放宣言とは裏腹に、外国との貿易をあてにせず、もっぱら国内の需要によって発展をとげてきた市場環境があった。

このため、国内経済は好景気と不景気の変動が激しく揺れうごく状態にあり、その意味では、世界経済は米国が世界の金融や商業・製造業をにぎってはきたが、不安定で欠陥のあるシステムを中心軸として動いていたと言えよう。

したがって、恐慌の発生により国内中小企業が倒産をつづけ、失業者の増大とともに大企業では国内需要が激減したため、海外市場が必要となるのは当然だった。

そこで目を向けたのがカリブ海諸国や中南米、ハワイ、フィリピンなどのドル経済圏にたいして、ドル・ブロックを形成して保護貿易を実施し、列強に対抗することであった。

そうなると、後発の資本主義国家で資本力も弱い日・独・伊のような「持たざる国（Have Nots）」は、製品をさばくための海外植民地も少なく、自国通貨の経済ブロックを形成することは難しく、米・英・仏などのような「持てる国（Haves）」の経済ブロックから排除される結果となった。

結局、経済力が弱かったにもかかわらず、軍事力だけは主要列強諸国と同等にあった日本が、まず、満州事変を起こして世界市場の再編に乗り出した。

ついで、イタリアがエチオピアを併合すべく八十万の軍隊を動員して、一九三五年にエチオピアを侵略した。

さらに、ドイツの政権をにぎったヒトラーも、周辺諸国を併呑すべく行動を開始した。

ドイツの場合には、恐慌でうけた打撃はもっとも深刻だった。工業生産は一九三二年には五八パーセントに落ち込み、輸出入も半分近くに減少した。失業者数は一九二八年の一四〇万人から三二年には五六〇万人にふくれ上がっていた。

この失業者を救済するためにヒトラーがとった政策は、道路建設、鉄道の電化、産業界への資本投下などを積極的におこない、国民の支持をあつめていた。それでも救済できない若い失業者のために、ヒトラーは再軍備による義務兵役制を復活(一九三五年)したのであった。

一九三〇年代は第一次世界大戦をへて、多くの分野で科学的思考とテクノロジーが驚異的進歩をとげ、新たな設備投資がおこなわれていたが、同様に日進月歩の勢いであらたな兵器が開発されたこともあって、軍隊のすべての部門(陸・海・空)で兵器システムが一大変革をとげつつあった。

つまり軍事力を強化するためには、これまで以上に巨額の費用を必要としていたのである。たとえば、第一次大戦中に活躍した戦闘機は、時速三二〇キロほどの速度で布張りの複葉機であったが、一九三〇年代末にはジュラルミン製の単葉機が主流となり、装備にしても数梃もの機関砲を積載し、コックピットは装甲鈑、自動防漏式の燃料タンクを搭載して、時速六〇〇キロ前後で飛翔できる強力なエンジンが開発されていた。さらに爆撃機ともなると、航続距離は三千キロ以上をほこる四発の大型機であるB17も登場していた。

また、ワシントン条約以降に建造された戦艦は、装甲が強化されたうえに速度もまし、対空装備や対潜装備もいっそう充実し、さらにレーダーや無線装置を搭載するものも登場しはじめた。

陸上戦闘の花形である戦車も、日本やイタリアは重量五トン～十トン前後で機関銃を装備する程度であったが、陸軍国であるドイツ、フランス、ソ連、アメリカなどでは、二十トン～三十トンを超える重量と重装備をほこっていた。

だが、これら最新の兵器システムを作りあげるには、大量の原料と石油が必要であった。とりわけ鉄鉱石、銅、鉛、錫、マンガン、ニッケル、ボーキサイト、ゴムなどが不可欠だったが、米国やソ連は国内に豊富な資源があり、英仏は植民地から大量に獲得することができた。

しかし、日本やドイツ、そしてイタリアの場合、石炭はなんとか国内から調達できたが、大量の陸・海・空軍をそろえて作戦に従事させるには、石油をはじめとする鉱物資源があまりにも不足していた。つまり、持てる国と持たざる国との差が、国土面積のみならず資源においても顕著となったのである。

ドイツの再軍備は、ベルサイユ条約で課せられた苛酷な条件の破棄をもとめる目的もあったが、生存権を確保するためにアウタルキー（自給自足）を目指さざるをえず、必然の結果として軍事力による海外市場の再編をもとめるほかに方法がなかった。

一方、日本は満州国を建国し、そこから得られる資源をもとに経済発展をもくろんだが、鉱物資源は得られたものの、工場や軍隊を動かすための石油資源が不足するので、新たな石油を獲得する必要にせまられていた。

日本としては国家の大事な石油エネルギーを仮想敵国の米国から輸入しなければならないということは、外交上も軍事上も喉元を押さえられているにひとしく、打開策を検討しなければならない時期にきていた。

ところが一九三〇年代における原油の産出地は、アメリカ、ソ連、メキシコなど、限られた地域にしかなく、中東諸国の石油開発はいまだ始まっていなかった。ちなみに一九四〇年度における原油生産量は左表の通りである。


一九四〇年における世界の原油生産量(単位:万キロリットル、出所:World Energy Supplies)

国名	米国	ソ連	ベネズエラ	イラン	メキシコ	イラク	カナダ
生産量	一億八二八七	三一一二	二六九〇	八七七	六二〇	二五一	一一三

いかにアメリカが世界の石油井の栓を握っていたかが分かる数字である。

(5) 最大の争点は満州と中国市場の奪い合い

一九三一年(昭和六)九月、関東軍が満州事変を起こすと、米国国務長官ヘンリー・スチムソンは国際協調派である若槻内閣の幣原喜重郎外相が、軍の行動をおさえることを期待して静観していたが、一九三二年一月に張学良軍が錦州に拠って反撃姿勢を見せたことにたいして日本軍が空爆したことを受けて、日本が軍事的手段によって得た中国領土は一切不承認とする「スチムソン・ドクトリン」を発表した。

だが、スチムソンの期待に反して、列強諸国はアメリカに同調することはなかったし、米国世論も満州の問題に関わることを望まなかった。

アメリカの世論が孤立主義的傾向をつよめたのは、第一次大戦に参戦しても欧州諸国の巨額の戦争債務を米国が肩代わりしただけで、無意味な徒労に終わったと見ていたから、深刻な経済不況の最中でもあり、戦争へ巻き込まれるのを避けるべきだと考えていたからである。

そうした中で、日本は国際連盟から脱退（一九三三年）、満州国を建国して鉱物資源確保のために、満州に積極的な投資をおこないはじめた。

一方、一九三二年にフーバーの後を襲ったフランクリン・ローズヴェルト大統領は、ニューディール政策をおこなって（一九三三年）経済の回復に力を入れたが、三四年には景気浮揚をかねて「第一次海軍拡張法」を成立させ、海軍力の強化に乗り出していた。

日本はアメリカの海軍拡張法が成立したのを見て、ワシントン海軍軍縮条約を破棄する決定をおこなった。

一九三七年（昭和十二）七月、支那事変が全面戦争へ突入すると、ローズヴェルト大統領は「隔離演説」をおこない、国際社会の健康をたもつには、平和愛好諸国が協力して侵略病におかされた国々を隔離すべきであるとして、暗に日本、ドイツ、イタリアを批判した。

ローズヴェルト「隔離演説」（一九三七年十月五日）〈抜粋〉

世界の政治情勢は、最近加速度的に悪化しつつあり、平和と隣国との友好のうちに生

きたいと願うすべての国民及び国家に、深刻な関心と不安をもたらしている。(中略)
不幸な事実であるが、世界的無法という伝染病は拡散しつつあるように見受けられる。ある伝染病が広がり始める時、社会は、その伝染病から社会の健康を防衛するために、患者を隔離することに合意し協力するものである。(中略)

最も重要なことは、自ら合意した協定や他人の権利の侵犯の熱にうかされている諸国家に対し、そのような行動を止めさせるべく、平和愛好諸国の平和への意志が表明されねばならないということである。平和を維持するための積極的な努力が存在しなければならない。

アメリカは戦争を憎む。アメリカは平和を希望する。従って、アメリカは平和の探求に積極的に参画するものである。

しかし、それでもアメリカ国内の世論は、日本にたいして制裁を加えるという主張には懐疑的であった。だが、ここで米国にたいする中国国民党の動きが活発となり、米国国務省を中心に日本への経済制裁を強めることを強力に運動しはじめた。

すでに一九三八年の時点で、アメリカとイギリスの海軍当局は、極秘に会合をもって日独の脅威にいかに対処すべきかを検討していたのである。

さらに、全面戦争へと発展した日中戦争は、盧溝橋事件発生の一ヵ月後に中国は国民党と共産党との合作が成って日本に戦いをいどんだが、戦局は日本軍の圧倒的な有利のもとに進んで一九三七年十二月には南京をおとしいれ、このため、中国政府は重慶にうつって臨時首都としていた。

一九三八年（昭和十三）には日本軍は徐州、広東、武漢三鎮を占領し、江兆銘は国民党を否認して重慶を脱出、一九四〇年三月に南京に新政府を樹立した。

一方、蔣介石の国民党政府から派遣されて米国駐在大使となっていた胡適《こてき》をはじめ、中国の四大家族といわれた富豪の孔、蔣、陳、宋なども、米国留学で知り合った著名アメリカ人をとおして、祖国の窮状と国民党支援を米政府と世論に訴えつづけた。

この四家の果たした役割は想像以上に米国政府を動かしたといえよう。とくに宋家の三姉妹と弟の宋子文の活躍は、目覚しいものがあった。宋子文はハーバード大学を卒業後、中華民国の中央銀行総裁、外交部長、行政院長などを歴任し、金融・外交面で能力を発揮した。

また孔祥熙《こうしょうき》はオービリン大とイエール大に留学、実業界で活躍した後、政界に転じて財政部長代理、行政院長などを歴任した。彼は宋慶齢《そうけいれい》の姉である宋靄齢《そうあいれい》と結婚している。

宋家の次女である宋慶齢は米国に留学後、日本で孫文と結婚したが、孫文の死後は蔣介石の反共政策に反対し、満州事変以降は徹底した抗日を提唱してソ連にわたり、のち中華人民共和国の国家副主席に迎えられた。一方、蔣介石の夫人となった宋美齢《そうびれい》は宋慶齢の妹であるが、アメリカ留学中は抗日戦支援を全米に訴えつづけ、大きな反響を呼び起こした。

この四大家族によるアメリカでの抗日宣伝活動は、米国の外交政策を大きく動かす原動力となったほどで、米国人の上海副領事であるラルフ・タウンゼントの日本擁護の報告書は、屑籠に放りこまれ、パールハーバー事件後、タウンゼントは一年間も牢獄に入れられた。

そして一九四〇年九月、米英が蔣介石軍を支援するルートを遮断するため、日本がフランス政府と北部仏領インドシナに進駐する協定を調印すると、米国政府は中国にたいして新たに二五〇〇万ドルの軍事援助を貸与することを決定した。

さらに蔣介石は、顧問として米陸軍を退役したクレア・リー・シェンノート大尉を採用し、国民党空軍の再建をはじめた。

(6) 日本挑発の「メモランダム」を採用したローズヴェルト

ところで以下の記述には、シカゴ・トリビューン紙記者であるロバート・スティネット氏が二〇〇〇年に発表した『真珠湾の真実』(原題:〝DAY OF DECEIT〟The Truth of FDR and Pearl Harbor) という著書から、多くの引用をおこなっている。なぜなら、日米開戦の約一年前から、日本の機動部隊がハワイを攻撃する直前まで、従来、秘密のヴェールに包まれていた米国側の外交資料や軍関係資料が、豊富に載せられているからである。

スティネットは元米海軍の少佐で退役後、トリビューン紙の記者になったが、真珠湾事件の真相をあばくべく十七年間にわたって米国立公文書館の膨大な資料を調査し、さらに事件に関与した多くの関係者たちにインタビューや書簡のやりとりをかさねて疑問点の解明につとめ、パールハーバー事件がローズヴェルトをはじめとする米国政権担当者による謀略であったことを立証できたとして、前述の表題で著書を出版した。

『真珠湾の真実』の邦訳は、文藝春秋社から二〇〇一年に出版され多くの反響を呼んだが、日本人読者、とりわけ戦史研究者の一部からは記述内容の信憑性を疑う声も出ている。

彼らの反論の根拠は日本側の資料に照らし合わせてのうえであるから、全くの根拠なしとは言えないが、スティネットが十七年間にわたって米側資料を掘りおこして立証しているのであるから、それに反論を加えるのならば自らスティネットと同じ調査をして、疑問点を解明しなければスティネットの記述がかならずしも間違いとは言えないであろう。

じつは筆者もワシントンDCにある米国立公文書館を他の調査で訪れたことがあるが、一日いても大した量を調べることはできなかった。スティネットが十七年間にもわたって、公文書館で資料をあたったことに敬意を表すべきだと思う。

アメリカは対日戦争に勝利したこともあって、外交・軍関係資料ともに膨大な量が国立公文書館に手つかずのまま保存されているが、日本の場合は敗戦の結果、多くの貴重な資料が散逸している場合が多く、そのうえ各戦線の戦闘に勝利した場合には戦果を過大に報告したり、敗北を喫した場合には隠蔽する体質があったことは否定できないから、日本側資料の信憑性はむしろ疑ってかかる内容が多く含まれていると思われる。

一方スティネットは、調査のため米国立公文書館やペンタゴン（国防総省）そして国務省などに、パールハーバー事件に関する重要資料の公開をもとめても、アメリカの国益を理由に閲覧を拒否されるケースがしばしばあったと、米政府を批判しているほどである。

戦後六十年以上も経過して、パールハーバー事件も日米戦争もすでに忘却の彼方にあるのだから、当時は国家機密資料となっていても現在では秘匿する理由はない。

ただし、たとえ日米両国が現在では堅い軍事同盟の友好関係にあるとはいっても、アメリカが謀略によって日米戦争に勝利したのが事実であれば、情報公開法をみずから制定していても、国家的信用と名誉を崩壊させるであろう資料の公開をはばむのは当然である。

なぜならアメリカは建国以来、自由・平等・民主・人権という人類にとっての普遍的理念をかかげてきた国家であり、つねに「正義」をつらぬいて国際社会を主導してきたと宣伝してきているから、謀略の事実が米国民や国際社会に知れわたることは、国際的信用を完全に失墜させるだけでなく、米国民の自信をも失わせる由々しき問題となるからである。

逆にいえば、米国が頑なにパールハーバー事件の真相を拒みつづけていることは、間違いなく日本を謀略の罠に引き入れることに成功したことを、無言のうちに語っていることになる。

ともあれ、以下、スティネットの調査資料を随時引用して記述をすすめたい。

——日米開戦のプロローグは一九四〇年十月、日本を真珠湾奇襲攻撃へと駆りたてる「謀略案」が秘密裏に、ホワイトハウスにとどけられたことから始まった。

それは米海軍所属の海軍少佐アーサー・H・マッカラム（少将で退役）が作成した「メモランダム（覚書）」で、日本を対米戦争にみちびくであろうと考えられる八つの行動を記した内容であった。

マッカラム少佐は日本との戦争は不可避であるから、アメリカにとって都合のよいときに、日本から仕掛けるよう挑発すべきであると信じていた人物である。

日本は第一次世界大戦においては勝者の側にたって列強の仲間入りを果たしたものの、それは軍事力で列強諸国に伍しただけで、経済力は依然として弱体であり、技術においても資源においても、欧米諸国に依存せざるを得ないひ弱な体質をもった資本主義国であった。

たとえば、一九三〇年（昭和五）における日本の主要輸出入品は以下のとおりであるが、九〇パーセントは対米貿易であったから、いかに対米関係が重要であったかが理解できよう。

	一位	二位	三位	四位
輸出品	生糸（四・一億円）	綿織物（二・七億円）	衣　類（六〇〇〇万円）	人絹織物（三五〇〇万円）
輸入品	綿花（三・六億円）	石　油（八九〇〇万円）	機械類（八五〇〇万円）	鋼　鉄（七六〇〇万円）

この数字は日米開戦一年前の一九四〇年においても、輸出品のトップから四位までの繊維製品はまったく変わっておらず、輸出額を増大させている。

一方、一九四〇年における輸入品も、トップから三位までは変わらないが、石油の輸入額が三・五億円、綿花は五億円に急増した一方で鉄鋼と鉄くずは輸入されなかった。

この表からも分かるように、戦前の日本はもっぱら原料である綿花を輸入して繊維製品を輸出し、機械類や鉄鋼は石油とともに主にアメリカからの輸入に依存していた。日本は重化学工業製品をつくることはできても国際競争力がなく、もっぱら国内用としての需要しかなかった。

しかも日本が、軍事に必要とされる鉄鋼の輸入先は米国と英国からで四五パーセント、機械類も米国と英国からで五八パーセント、石油製品は米国五五パーセント、蘭領東インドから三四パーセントを輸入していた（いずれも一九三〇年）。

さらに貿易全体を見てみると、一九三八年における日本からの輸出先のトップは米国で三十億ドル、以下二位が英国二十七億ドル、三位フランス八・八億ドル。ちなみに中国へは一・七億ドルの輸出であった。

逆に一九三八年に日本が輸入した相手国のトップは英国で四十五億ドル、二位が米国で二十一億ドル、三位はフランスの十三億ドルであった。

つまり一九三八年になると、アメリカは日本への輸出を大幅に制限するようになってきたことが分かる。かわってイギリスが日本にたいする輸出国のトップを占めるが、米国はマッカラム少佐の提言によって、英国にも対日禁輸を呼びかけることになった。

ところで、アーサー・マッカラム海軍少佐が所属していた事務所は、米海軍の無線傍受暗号解読センターである「ＵＳ」を構成する機関の一つで、世界中に張りめぐらされた米軍の暗号解読員と無線傍受係の手で収集解読された無線電信の傍受記録を保管する場所でもあった。

傍受解読された日本の外交および軍事電報は、海軍情報部極東課を通してホワイトハウスに届けられていた。

マッカラム少佐は幼少時を日本で過ごした経験で、日本語はもとより日本人の歴史・伝統・習慣・性癖・政治・社会・軍事など、多方面にわたってすぐれた知識と経験を有しており、当時のアメリカ政府や軍部のなかで、日本の意図と活動について彼ほど熟知している人物はいなかった。

たとえば、日本人が少数の兵力で大軍を破るために、しばしば奇襲攻撃が採用され、成功・不成功に関係なく日本人の間でもてはやされてきた歴史があることを知っている数少ない人物であった。

マッカラムが作成した覚書は、一九四〇年十月七日に、ローズヴェルトがもっとも信頼する二人の海軍大佐の手から大統領にとどけられた。

日本挑発の項目は全部で八つあった。

マッカラムの対日戦争挑発行動のための覚書（一九四〇年十月七日）〈抜粋〉

(A)太平洋の英軍基地、特にシンガポールの使用についてイギリスとの協定を締結すること。

(B)蘭領東インド内の基地施設の使用及び補給物資の取得に関するオランダとの協定を締結すること。

(C)中国の蔣介石政権に可能な、あらゆる援助を提供すること。

(D)遠距離航行能力を有する重巡洋艦一個戦隊を東洋、フィリピンまたはシンガポールへ派遣すること。

(E)潜水艦戦隊二隊を東洋へ派遣すること。
(F)現在、太平洋のハワイ諸島にいる米艦隊主力を維持すること。
(G)日本の不当な経済的要求、特に石油に対する要求をオランダが拒否するよう主張させる。
(H)英帝国が日本に対して押し付ける同様な通商禁止と、協力して行なわれる日本との全面的な通商禁止。

まず、(A)項目〔米国による英軍太平洋基地の利用〕に関しては、海軍作戦部長ハロルド・スターク大将から、英国領ラバウルのシンプソン港を米海軍が前進基地Fとして利用できるよう指令が出された。ただし、一九四二年春に日本軍がラバウルを占領すると、基地Fの使用は終わった。

つぎに(B)項目と(G)項目〔東南アジアの天然資源を日本に利用させないよう、オランダを説得する〕は、一九四一年三月十九日に大統領執務室で、オランダ外相のエイルコ・ニコラス・ファン・クレフェンズと、米商務省次官サムナー・ウエルズが七十分間にわたって会談したことが確認されている。

もっとも衝撃的な戦争挑発項目の(D)項「遠距離航行能力を有する重巡洋艦一個戦隊を東洋へ派遣する」は、日米間の対立が織烈になりはじめた一九四一年二月十日に、ホワイトハウスに関係者をあつめて初の会合が開かれた。

出席者はローズヴェルト大統領、陸軍長官ヘンリー・スチムソン、海軍長官フランク・ノックス、陸軍参謀総長ジョージ・マーシャル大将、海軍作戦部長ハロルド・スターク大将の五人であった。

席上、スタークは巡洋艦による巡航は戦争行為をまねくとローズヴェルトに警告したと記録（PHPT＝Pearl Harbor Part＝米政府がおこなった真珠湾調査の公式記録で三十九冊から構成されている）にある。

一九四一年七月にアメリカは巡洋艦三隻を豊後水道に派遣したが、日本の海軍省は東京駐在のジョセフ・グルー大使に「七月三十一日の夜、日本領海である豊後水道に接近する二隻の巡洋艦を発見した。日本の駆逐艦が向かっていくと、二隻の巡洋艦は煙幕にかくれて南方へ退避したが、それらの軍艦は明らかに米国巡洋艦であると信じている」と厳しく抗議した。

(E)項目（米潜水艦を東洋へ派遣せよ）は、スターク海軍大将から命令が出され、一九四〇年十一月に米潜水艦十二隻がホノルルからマニラへ派遣された。

(F)項目（米艦隊をハワイ海域にとどめる）に関しては、一九四〇年十月四日に大統領執務室で録音されたテープに、大統領の以下の発言が収録されていた。

「日本は愚かなことをするかも知れない。日本が何か愚かなことをしたら、わが国は引き金をひく覚悟はできている。国内の世論はジャップに支配されないだろう」

このテープはスティネット氏のファイルにあるという。

最後の(H)項目（日本との全面的な通商禁止）については、一九四一年七月二十六日、ローズヴェルト大統領は全面的な通商禁止を発令した。

この覚書に賛成した人物の一人は、当時の陸軍長官であったヘンリー・スチムソンで、彼の日記にはマッカラムの覚書に賛成した記録が残っている。

スチムソンの一九四一年十一月二十五日付の日記には、大統領の戦時内閣が「日本に先に手を出させる」ことを話し合い、これによって「米国民が戦争に努力する必要を認めて団結する」と述べている。（ロバート・スティネット『真珠湾の真実』48〜53脚注#1〜19）

この覚書にそって、大統領から海軍省・陸軍省、そして国務省の関係機関に順次指令が出されて行くことになったが、マッカラムが覚書を提出した翌日の一九四〇年十月八日、国務省がアメリカ人に対して極東から可及的すみやかに立ち去るよう発表した。

さらに、ローズヴェルトと米国太平洋艦隊司令長官ジェームズ・O・リチャードソン海軍大将が大統領執務室で午餐会をもったが、席上、大統領が米海軍の軍艦一隻を喜んで犠牲にしようではないかという提案をしたことに対し、リチャードソンは米国艦隊を危険にさらす計画を承認しなかった、と戦後の回顧録で述べている。

リチャードソンの反対にたいして、ローズヴェルトは三ヵ月後に答えを出した。すなわち一九四一年二月一日、ローズヴェルトによってリチャードソンは太平洋艦隊司令長官の職をとかれ、代わってハズバンド・E・キンメルが新たに就任した。

かくして、日本を挑発する準備は着々と進められていった。

（７）日本の外交・軍事通信を傍受するための完全なる布石

一九二一年（大正十）におこなわれたワシントン会議では、アメリカは陸軍省の傘下にあった一民間企業ともいえるヤードリー経営の諜報機関のおかげで、日英などの暗号解読に成功した経緯はすでに記したが、米国はほかにも海軍省、国務省、財務省など多くの政府機関が独自に情報収集のための機関を保持していた。

アメリカ陸軍所属の「ブラック・チェンバー」は、当時、国務長官であったスチムソンの反対で一時解散させられたが、すぐに「S・I・S（Signal Intelligence Service）」となって復活し、第二のヤードリーとなったのがウイリアム・フリードマン（William Friedman）であった。

日本の場合にも、ワシントン会議時代の暗号や暗号解読方法が幼稚であったとして、外務省も陸・海軍も複雑な乱数表や機械暗号を使用するようになっていた。

日米関係が切迫してくるにおよんで、外務省暗号はいまひとつ信頼性に欠けるとして、あらたに海軍が開発した「九七式印字機」という暗号機械が、主要国にある日本大使館に配置された。

海軍は片仮名をつかう「九七式邦文印字機」、外務省はローマ字をつかう「九七式欧文印字機」で、いずれも二冊のアルファベット暗号書をつかって作成されるものであった。

九七式印字機で暗号化された電文は、かりに同じ文字「米国」を反復して使用しても、この印字機の場合には反復して「米国」があらわれる確率は二億分の一で、解読はまず不可能であった。それにもかかわらず、アメリカの解読班は解いてしまったのである。フリードマンが日本の電文解読に成功したのは、開戦一年半前の一九四〇年の八月といわれるが、作成した暗号解読機の名前に彼は「パープル（紫）」と名付けた。

だが、コンピュータのない時代に想像と推理だけで「九七式欧文印字機」を開発することは不可能である。しかも、フリードマンらが開発したパープル暗号機は、日本が使用していた実物とそっくりであった。可能性としては、「九七式印字機」の設計図なり現物がスパイの手をへて、米国に渡ったと考える方がはるかに説得力がある。さらに、日本は外交暗号の基礎暗号書の表紙を「紫色」にしていたが、アメリカ側が暗号解読機をパープルと名付けたのは、偶然の一致として片づけるには、あまりにも不自然である。

第一次大戦中の一九一八年、オランダ人が開発した暗号機械を、ドイツ人技師シルビウスが特許と権利を買って、この暗号機に「エニグマ（謎）」という名前をつけ、商品として売り出したが、一九二三年にはドイツ軍暗号課のフェルギーベル大佐が手に入れ、海軍は一九二六年、陸軍は一九二八年に正式採用した。

この暗号機はきわめて優秀で、暗号機に最初にセットする解読コードがなければ、複製があっても解読は不可能であった。

第二次大戦が勃発すると、イギリス情報部はドイツの「エニグマ暗号機」と「解読用コード」を奪取するための指令を陸海軍に出したが、一九三九年から四五年までの七年間に英海軍が沈没させたドイツ艦艇とUボートに捕獲隊を送り込み、あるいは潜水ダイバーをもぐら

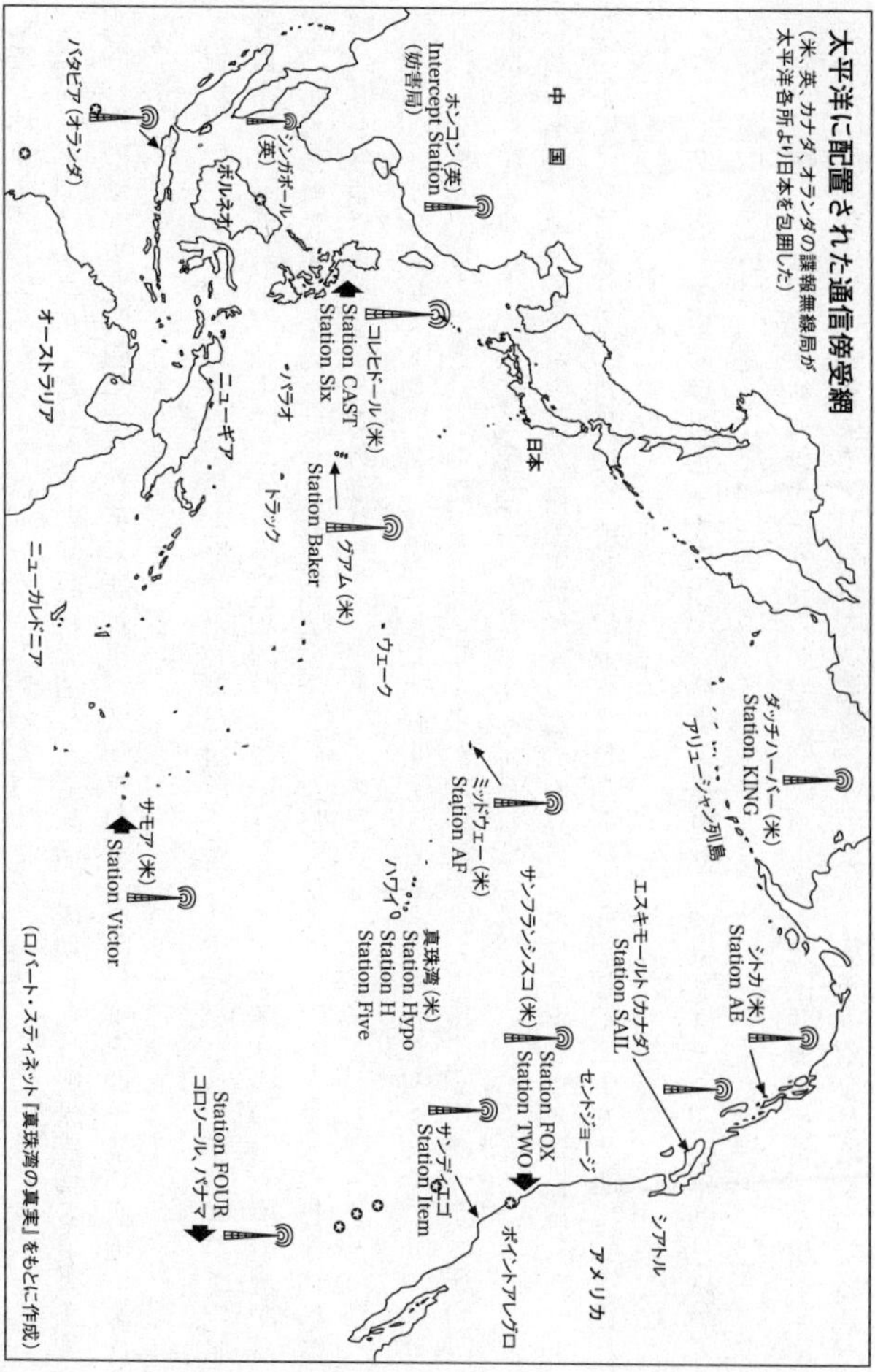
太平洋に配置された通信傍受網
（米、英、カナダ、オランダの諜報無線局が太平洋各所より日本を包囲した）
中国
ホンコン（英）
Intercept Station
（妨害局）
シンガポール（英）
バタビア（オランダ）
ボルネオ
コレヒドール（米）
Station CAST
Station Six
パラオ
ニューギニア
オーストラリア
日本
トラック
グアム（米）
Station Baker
ニューカレドニア
ウェーク
ダッチハーバー（米）
Station KING
アリューシャン列島
ミッドウェー（米）
Station AF
サモア（米）
Station Victor
ハワイ
真珠湾（米）
Station Hypo
Station H
Station Five
サンフランシスコ（米）
Station FOX
Station TWO
シトカ（米）
Station AE
エスキモールト（カナダ）
Station SAIL
セントジョージ
シアトル
アメリカ
サンディエゴ
Station Item
ポイントアレグロ
Station FOUR
コロソール、パナマ
（ロバート・スティネット『真珠湾の真実』をもとに作成）

せてUボートを捜索したケースは、分かっているだけでも二十一隻あった。

結局、英国はエニグマとコードの回収に成功し、解読にも成功した。解読成功の事実が証明されたのは、一九四四年六月に英米連合軍がノルマンディ上陸作戦を開始する直前であった。

何が言いたいのかといえば、エニグマ暗号機を解読するためには、どうしてもエニグマ暗号機本体と暗号コードを手に入れる必要があったということで、アメリカの暗号解読班が日本の暗号を解読するためには、「九七式印字機」と「暗号コード」の両方を入手しなければ、解読は不可能であったことである。

フリードマンがいくら解析力に優れていたとはいえ、開戦一年半前に独力で「パープル暗号機」を作り上げることは不可能であり、なんらかの窃取手段で直接「印字機」か、その設計図と「暗号コード」の二つを入手したとしか考えられない。

ともあれ、マッカラム少佐が日本を挑発するための覚書をホワイトハウスに提出した一九四〇年には、アメリカの対日通信傍受局は太平洋をかこむようにして二十五ヵ所に設置され、活動していたのである。

そしてフリードマンらが開発（?）した「パープル暗号解読機」は一九四〇年九月以降、主要な通信傍受局に配備された。

おもな傍受局は、アリューシャン列島のダッチハーバーから米国西海岸一帯、ハワイ、南太平洋、フィリピン、蘭領東インドをへて英領シンガポール、英領香港《ホンコン》などに及んでおり、日本を囲むかたちで設置されていた。

この中には日本海軍と日本外務省の電報を克明に傍受・解読したシアトルのSAIL局、オアフ島のH局とHYPO局、陸軍のFIVE局、そしてコレヒドール島のCAST局もふくまれている。

オアフ島のHYPO局には一四〇名の無線諜報スペシャリストが、毎日一千通の日本軍事情報を傍受解読していた。

またオアフ島にあった陸軍無線傍受局FIVEは、長い間、日本の外交電報を受信していたが、解読機械がないためフィリピンかワシントンに解読を依頼していた。当初は陸海軍の協調がなかったが、FIVEがHYPOに解読を依頼するようになったのは日米開戦直前の一九四一年十一月二十七日以降である。

これより先、石油の禁輸をはじめとするアメリカの対日経済制裁の打開について、日米間の外交交渉は一年以上も前からおこなわれていたが、遅かれ早かれ対日戦は必至と見ていた米国は、当初、日本との開戦を一九四二年（昭和十七）の二月ないし三月と考えていた。

ところが、中国戦線で日本軍のために壊滅的打撃をこうむって窮地にたたされた蔣介石は、アメリカに対日戦の決意を早めることを懇願するとともに、英国のチャーチルに対してもローズヴェルトに、対日開戦の決意を一刻も早くうながすよう依頼する電報を打っていた。

ドイツとの戦いに苦戦をしいられていた英国にしても、米国が同盟国として参戦してくれることを願っていたから、対日戦を始めることによって、アメリカも自動的に日独伊三国同盟につながるドイツとの戦争に参加できると考えたのは当然であった。

チャーチルの電報がローズヴェルトに届いたのは、日米交渉が最終段階にきていた一九四一年十一月二十四日であった。米国はチャーチルからも要請が届いたことによって、対日開戦日を三ヵ月前倒しで実施することを決意したのである。

こうして日本を挑発し、日本から先に手を出させる卑怯な文言を書き上げ、十一月二十六日の午後遅く、国務省に呼び寄せたワシントン駐在の野村吉三郎大使に、コーデル・ハル国務長官から手渡されたのがいわゆる「ハル・ノート」である。

ハル・ノートの内容は、日本が日独伊三国同盟を破棄し、中国との戦争と大東亜共栄圏の経済計画を放棄するよう強要するものであった。

この提案にはハルが暫定協定と呼ぶ十ヵ条がふくまれていたが、十ヵ条のうち、とくに日本側を激怒させたのは二ヵ条であった。

それらは、以下の条文である。

ハル・ノート十ヵ条（一九四一年十一月二十六日）〈抜粋〉

第三条　日本政府は満州を含む全中国及びインドシナから、一切の陸・海・空軍及び警察隊を引き上げること

第四条　中国では、アメリカ政府が認める重慶を拠点にする中国国民党政府（蔣介石）以外の如何なる政府または政権も、軍事的、政治的、経済的に支援しないこと

この条文によると、日本の満州における特殊権益や中国における条約上の権益を一切認めず、日仏政府によって締結された協定も一切認めずに、満州をふくむすべての中国大陸から軍隊や警察を撤収することを要求し、日本が中国において認めている汪兆銘政権を認めずとしているのであるから、まさに戦争覚悟の最後通牒もしくは宣戦布告であることは明らかであった。

実際、ローズヴェルトはハルへのメモで、「この提案は正常であるが、日本は承諾しないだろう。私はあまり期待していない。我々は誰もが間もなくやってくる本当の危機に対処する用意をしなくてはならない」と述べており、戦争の決心を固めていたことが分かる。

この常識にはずれた対日挑発文書での提案を正常と言いきっているローズヴェルトの精神構造を疑うが、別の観点から見れば、ローズヴェルトはそれほど対日憎悪感情がつよかったとも言えよう。

さらにヘンリー・スチムソン陸軍長官の日記では、一九四一年十一月二十七日の早朝、国務長官のハルと電話で話したとき、「自分はこのことからはもう手を洗った。あとは君とノックス（海軍長官）の手中にある。陸軍と海軍の番だ（I have washed my hands of it, it is in the hands of you and Knox, the Army and Navy)」と述べたという。

ハル・ノートに対する日本からの回答は、十二月六日（日本時間十二月七日）対米最後通告のかたちで十四通に細分され、ワシントンの日本大使館へと届けられた。ローズヴェルトは、十二月六日の晩、早くもパープル暗号解読機によって解読された「マジック情報（日本からの電文解読の情報をアメリカではこう呼んでいた）」を読むと、「これは戦争だ」と言ったが、ハワイの太平洋艦隊に警報を出そうとはしなかった。翌朝早く、この情報を見た海軍作戦部長のスタークは、部下がハワイに転電しようとするのを二度にわたって拒否したと言われている。

繰りかえすが、フリードマンが作ったとされる暗号解読機だけでは日本からの暗号は解読できず、暗号コードがなければ解読は不可能であることを読者は認識してほしい。

ともあれ戦後、東京裁判がひらかれたとき、インドの判事であるラダビノート・パールが、「この米国の日本への通牒内容を読めば、ベルギーやルクセンブルクのような小国でも、対米戦を決意する苛酷なもの」として非難し、連合軍によって逮捕された日本人戦犯全員を無罪と明言したほど残酷な内容であり、日本政府を進退きわまらせ窮鼠《きゅうそ》に追い込むものであったと述べて、アメリカの謀略を非難している。

さらに米国は、一九四一年十一月初旬、日本艦船の航路通報暗号を解読したことから、初めて日本海軍のハワイ作戦計画が明らかとなった。

アメリカの暗号解読班にとって日本の航路通報暗号ほど有益な情報はなかった。というのは、暗号解読班は十一月二日から十二月四日までに日本艦船の航路通報二一〇件を入手したが、この中には機雷敷設艦から第一航空艦隊（機動部隊）の空母にいたるまで、あらゆる種類の艦艇がふくまれていたからである。

その結果、十一月二十日から十二月六日までの十六日間に、日本海軍の行動計画が明らかとなったが、帝国海軍連合艦隊司令長官山本《やまもと》五十六《いそろく》大将および隷下の司令官たちが電波を発信して、二つの部隊がハワイに向かっていることが分かったのである。

一つはエトロフ島を出撃して北太平洋をすすむ第一航空艦隊で、空母六隻、これを護衛する戦艦、巡洋艦、駆逐艦および七隻の給油艦から構成されていた。もう一つは先遣部隊として潜水艦三十隻と補助艦船で、太平洋のほぼ真ん中を進んでいた。いずれも南雲忠一中将に率いられた部隊で、「機動部隊」と呼ばれていた。（ロバート・スティネット『真珠湾の真実』）

戦後、アメリカの国家安全保障局（NSA）の歴史主任研究員デイビッド・W・ギャディは、米国が日本海軍の暗号システムの解読に成功していた件の情報開示を拒否したことについて、「情報の開示を制限するのは公共の利益のためで、公に討論すべきことではない。政府には、公共の利益をまもる義務がある。政府の立場の根拠を明らかにすることはできない」と説明している。公共の利益とは、もちろん『米国の国家利益』をさしている。

一九四一年十一月二十六日にエトロフ島のヒトカップ湾を出撃した第一航空艦隊は、二日後の二十八日になってベーリング海から吹きおろす低気圧に遭遇し、五〜六メートルを超える波高のなかを二日間にわたって翻弄されつづけた結果、三十一隻の艦艇は日付変更線に近い北緯四二度の海域で、五十カイリ（九十二キロ）にわたって散りじりになった。

暴風雨は十一月三十日になってようやくおさまったので、南雲司令長官は機動部隊をもとの編成にもどすべく、発信機の出力をさげて復帰命令を打電した。艦隊旗艦の空母「赤城」

から発信された電波の周波数は四九六〇キロサイクルに合わせたもので、その到達距離は一〇〇海里（一八〇キロ）に制限されていた。

だが、空母部隊の旗艦「赤城」も戦艦部隊の旗艦「霧島」も、そして駆逐艦部隊の旗艦「阿武隈」の通信員たちも、ちょうどこの時期に今世紀最大の磁気嵐が発生していることを知らなかった。

磁気嵐とは太陽表面にイオンを発生させて、地球の大気に影響をあたえ無線通信を妨害するのみならず、ごく近距離の受信機が受信できないときもあるし、逆に何千カイリも離れたところにある受信機に、ハッキリと電波をキャッチさせることもある現象である。

そして、このときの磁気嵐は、「赤城」から発信された無線電信がオアフ島だけでなく、アラスカと米国西海岸にある米海軍無線傍受局のすべてに受信されてしまったという。

(8)「新高山登れ」の電文も解読されていた

米国から提示された最後通牒ともいうべき文書は、昭和天皇および枢密院、大本営政府連絡会議で検討され、ただちにハワイへ航行中の連合艦隊に打電された。

すなわち「ニイタカヤマノボレ（戦闘行動を開始せよ）」である。この電報は、日付変更線を通過した第一航空艦隊が十二月二日午前一時三十分に受信したが、同時にハワイにあるH局のジョセフ・ハワード電信員も傍受していた。

ハワードはこのニイタカ電報の傍受記録を、横八・五インチ、縦十一インチの用紙に書きうつし、少なくとも米海軍公式文書を二通作成したとしているが、米海軍は検閲によって未だに公開を禁止している。しかも、戦後、アメリカ政府がおこなったいくつかの真珠湾調査委員会では、ハワードはこの事実を証言していない。

だが、『真珠湾の真実』の著者スティネットは、一九八八年四月に、一九四一年当時オアフ島H局で太平洋艦隊の無線通信解析主任であったホーマー・キスナー通信上等兵曹（当時）にインタビューをおこない、当時の傍受事実を確認した録音テープ、転記文、そしてスチール写真などを入手している。

さらにスティネットは、一九九三年にはカリフォルニア州で、かつてフィリピンのコレヒドール島CAST局の米海軍通信解析専門家だったデュエイン・ウイットロック通信上等兵曹（当時）ともインタビューをおこない、日本海軍電報の傍受事実を確認した録音テープ、転記文なども入手して保存している。（『真珠湾の真実』三八八頁・脚注#18）

キスナーもウイットロックも一九四一年当時は通信上等兵曹であったが、のちに傍受・暗号解析活動が評価されて、将校（大佐）にまで昇任した。両者は、太平洋戦争の諜報活動を語るうえで欠かせない存在であるが、真珠湾調査委員会、歴史研究者、メディアなどから無視されつづけていると、スティネットは述べている。

明らかに、米国政府（国務省、海軍、陸軍）からの圧力があることは間違いないであろう。リットン報告書の付属秘密協約書が、アメリカの国益を阻害するとして、依然として公開されないのと同じである。

それでは、日米開戦直前までにCAST局とH局が傍受した日本海軍の電報は、どのようなものであったのであろうか。

スティネットがアメリカ第二国立公文書館で見つけた資料のなかには、一九四一年十一月十五日から十二月六日までの間に、米海軍無線監視局が傍受した日本海軍の電報一二九通がふくまれているが、彼はそれを以下の三つに分類している。

(1)日本海軍（機動部隊）からの傍受電報
(2)軍艦から発信された日本海軍の航路通報暗号報告
(3)コレヒドール島にあった米陸軍傍受局CASTが傍受したRDF報告書（日本艦隊の位置を示す）暗号

後に、これらの傍受電報がハワイのキンメル司令長官に届けられなかったことも判明しているが、それはともあれ、スティネットはこれらの傍受電報のうち(1)の日本海軍からの傍受電報を、以下のように七つに分類した。（『真珠湾の真実』三六二頁）

(A)南雲司令長官から発信の電報　六十通
(B)東京から機動部隊の艦船宛電報　二十四通
(C)空母から発信した電報　二十通
(D)航空戦隊司令官から発信した電報　十二通
(E)第一航空艦隊の空母以外からの電報　八通

(F)ミッドウェー攻撃隊からの電報　四通
(G)航空戦隊司令官宛の東京電報　一通
合計一一九通

これらを見ると、米海軍無線監視局で傍受した日本海軍電報のうち、半分近くが南雲長官から発信されたものであることが分かるが、スティネットは南雲長官がもっともお喋りであったと揶揄している。（『真珠湾の真実』三六三頁および三八九頁脚注#20）

ただ二〇〇七年六月になって、南雲艦隊がパールハーバーを攻撃するまでの行動は、無線封止をしていたとする旧日本海軍の「戦時日誌」が、米国メリーランド大学図書館で見つかったと防衛省防衛研究所が発表した。（朝日新聞＝二〇〇七年六月八日付）

しかし、機動部隊のなかで通信を担当する第三戦隊と第一水雷戦隊が無線封止をしていたと記述をしていたからといって、それがそのまま真実とはいえない。

というのは、南雲艦隊は真珠湾への攻撃が成功したと考えたから、実際には友軍の艦艇にたいして無線を使用していたにもかかわらず、規則違反の「封止破り」をわざわざ報告する必要がなかったとも推測はできるからである。

ハワイに接近する直前に南雲部隊は、大嵐に襲われて艦隊が散りぢりになったことは事実であり、無線や電波以外の手旗や発光信号では、再集結ができないほど離れてしまったから電波を使用せざるを得なかったことも疑いない。しかもスティネットの調査では、米軍側はすべて南雲部隊の電波を傍受していたとしているのである。

十二月二日、山本五十六大将は天皇から敵を殲滅せよという勅語をたまわったので、米国に「宣戦布告前」にこれを全将兵に伝達すべしとして、開戦二十四時間前である日本時間十二月七日零時（ハワイでは十二月六日午前四時三十分）に、機動部隊に打電した。

ところがこの勅語の伝達は、山本長官の参謀長である宇垣纒少将の手違いから、二時間早く送信されてしまった（ハワイ時間では十二月六日午前二時四十五分）。

オアフ島H局の電信員は、この勅語放送を五時間にわたって直接傍受し、その電報を十二月六日午前九時にはキスナー上等兵曹からHYPO局のダイヤー少佐の机の上のいちばん見えやすいところに置いた。だが、ダイヤーはキンメルに戦争警告電報を連絡しなかった。

一方、十二月五日に中部太平洋にいた第四艦隊司令長官の井上成美中将は、宣戦布告が目前にせまっていることを隷下部隊に知らせたが、井上の電報はオアフ島のH局が十二月五日金曜日の午後八時四十分にこれを傍受し、キスナーが傍受した電報はオアフ島のHYPO局にとどける書類の束にくわえられ、翌六日午後一時にHYPO局の副局長兼暗号解読班長であるダイヤー少佐にとどけられたが、真珠湾にいたキンメル太平洋艦隊司令長官には示されなかった。

このことについて、スティネットは一九八三年にダイヤーに手紙を送り、なぜキンメルに連絡しなかったのかと問い合わせたところ、

「暗号解読係と翻訳係二十六名は、その週末は休みをとっており、HYPO局にいたのは自

分と庶務係の下士官一人だけであったから」と釈明した。

だが、ダイヤーがキスナーの戦争警告を読んで、それをキンメルの太平洋艦隊に電話一本入れるだけで、攻撃までに二十四時間もあったのだから、歴史は変わっていたであろう。

なぜなら、山本司令長官は攻撃直前であっても、日米交渉が妥結または重大な変化があったときは、攻撃を断念して艦隊を引きかえすことを南雲長官に厳命していたからである。

日本機動部隊の接近をなにも知らない米国太平洋艦隊司令長官のキンメルは、十二月七日の日曜日（日本時間十二月八日）は朝九時三十分から、陸軍のショート将軍とゴルフにいく約束をしていた。だが、午前七時四十五分、真珠湾の入り口水路で敵潜水艦を発見したとの電話で、あっさり立ち消えとなった。

しかしながら最も重大なことは、日本海軍がハワイに接近しつつある事実を、現地の通信傍受局とワシントンは完全に知っていたにもかかわらず、ハワイにいたキンメル司令長官に一切連絡していないことと、日本海軍の攻撃機が真珠湾を攻撃したのちに、初めて知ったかのような驚きの声で、ワシントン駐在の日本大使に卑怯な日本のやり方を非難したことである。

一九四一年十二月七日（日本時間十二月八日）午前七時五十三分、日本海軍機動部隊の六隻の空母には零戦五十四機をふくむ四一四機の航空機が搭載されていたが、そのうち三六〇機の艦上爆撃機や雷撃機を二波に分けて真珠湾を攻撃させ、五隻を撃沈、十六隻を大破、陸軍航空部隊と海軍などの航空機一八八機を壊滅させた。日本海軍の空爆で戦死した陸海軍兵士は二二七三名、負傷者は一一一九名となった。

そして真珠湾に近いホノルル市民に犠牲者が出たのは、日本の攻撃部隊が去ったあとであった。攻撃部隊の第一波のときには迎撃準備ができなかったが、第二波の来襲にたいしては米海軍の高角砲二三〇門が迎撃をした。

高角砲からは五インチ砲弾三一八八発が日本機に向けて発射されたが、その多くは目標をそれてホノルル市街に雨のように落下したため、市民に犠牲者が続出した。

これほどの人的・物的損害を出した責任を問われて、事件から九日後の十二月十六日、キンメル大将は太平洋艦隊司令長官を更迭されたばかりでなく、大将から少将に降等された。

日本を挑発して先に手を出させ、太平洋艦隊の一部を犠牲にするだけで、アメリカは無条件で欧州大戦に参加できるという目論見はたしかに成功した。

だが、当初ワシントンが考えていたように、米国の巡洋艦を一〜二隻沈めるだけでは済まなかったのである。日本海軍の能力を過小評価していたローズヴェルトやコーデル・ハル、そしてスチムソンたちは犠牲のあまりの甚大さにホゾを噛んだにちがいない。

余談ながら、一九九五年四月になって、キンメル提督とショート将軍の遺族から再度調査し、これまでの事実がくつがえされる真実が明らかにされたら、海軍大将と陸軍中将に復帰させてほしいとの要請が上院と下院になされ、両院とも真珠湾攻撃にいたるまでの状況を調査する小委員会を発足させた。

この結果、一九九五年十二月一日、国防総省のドーン次官は、調査結果を五十ページの報告書にまとめて発表した。そしてその結論は、従来と同じく「キンメル提督とショート将軍は判断を誤った」として遺族の要請には応えなかった。

だが、『真珠湾の真実』の著者スティネットは、この調査がきわめて不十分であると指摘し、調査委員会がもっとも重要なキスナー上等兵曹や、ウイットロック上等兵曹の覚書にふれず、また彼らの証言さえも得ていない意図的なミスがあると指摘するとともに、真に恥ずべきことは、事実を五十年も隠しつづけてきた政府の役人たちであると憤慨している。

(9) アメリカ国民は真珠湾事件をどのように受けとめているか

アメリカの教科書（中学、高校）には、真珠湾攻撃のことは書いてあるが、その真の原因や経緯については書かれていない。大部分の教科書は米国が日本にたいして石油を禁輸したために、石油供給の道が絶たれたことにたいする日本の怒りが真珠湾攻撃になったと記述されている。

また一部の教科書には、アメリカは事前に日本の外交暗号を解読していたが、日本海軍の攻撃は東南アジアかフィリピンであろうと考えており、真珠湾に来ることは予測していなかった、という記述をしている。

いずれの教科書も、米国の十九隻の軍艦が奇襲攻撃によって撃沈・大破され、数千人の死傷者が出たという被害について書いてあるだけである。

開戦一年以上も前から日本の外務省や海軍の暗号電報を傍受したうえ、解読していた事実や、事前に南雲艦隊がハワイを攻撃しようと接近しつつあったのを知っていたこと、そしてハワイのキンメル太平洋艦隊司令長官に十分に連絡する余裕があったにもかかわらず、一言も伝えていなかった事実などは教科書に一切記載されていない。

日本人女性と結婚し、駐日米国大使をつとめた後、ふたたびハーバード大学の教授として復帰した知日派のエドウィン・O・ライシャワー氏は日本史の専門家であり、一九七〇年代に執筆した「The Japanese」(日本人)はアメリカでも多くの読者を獲得し、大学の教材としても使用されるほどであるが、米国側からのハル・ノートの残酷な要求内容や暗号解読の事実についての記述はなく、あくまで対日石油禁輸を事件発生の原因として捉えているだけである。

米国の歴史書が、これほど簡単に処理しているほどだから、真珠湾事件に対するアメリカ人の認識は、あくまでも日本海軍による「Sneaky Attack」(卑怯な奇襲攻撃)というスタンスである。

このため、真珠湾攻撃の報復にアメリカが立ちあがったのは当然で、一般住民だけの街である東京空襲や広島・長崎の原爆投下にしても、米兵の犠牲をおさえ戦争を早く終わらせるためには、やむを得なかったという認識にたつのも当然なのである。

また原爆を投下する以前に、米国はポツダム宣言の受諾を日本に勧告したにもかかわらず、日本政府はこれを無視したので降伏する意思がないと判断し、原爆投下に踏みきったとしてアメリカの正当性と、手続きを踏んでいることを主張している。

こうした内容で書かれた教科書で育った戦後のアメリカ人は、真珠湾事件はもとより、戦後の日米経済摩擦などにたいしても、卑怯な日本人、奇襲攻撃の得意な日本人というステレオタイプの日本人像を短絡的にかたちづくってきた。

たとえば、一九八〇年代の中葉、米国の自動車業界ビッグ3の業績が軒並み低下したのにたいして、日本製の自動車が集中豪雨的にアメリカに輸出されていることを揶揄して、米国の新聞には日本の爆撃機が、大量の日本製自動車をアメリカの街に降りそそいでいる政治漫画がのったことがある。真珠湾にたいする日本海軍の攻撃を模倣したものである。

また、二〇〇一年九月十一日、ニューヨークにある貿易センタービルがアル・カーイダのテロ攻撃によって破壊され、多数の死者が出たとき、ブッシュ大統領が、

「これは戦争だ。この奇襲攻撃は我々に一九四一年十二月七日にハワイ真珠湾に奇襲攻撃をかけた、日本海軍の攻撃を思い起こさせる」

と叫んだことが、当時のアメリカの新聞（ニューヨーク・タイムズ、ワシントン・ポスト等）に大きく掲載されたことがある。

つまり、真珠湾事件から半世紀以上を経過しているにもかかわらず、相変わらず米国人の真珠湾事件の認識は変わっていないことを証明している。

『真珠湾の真実』を書いたロバート・スティネットは、著書の中にも記しているように日本を騙《だま》したことを非難しているのではなく、騙したこと自体は間違ってはいないと明言しているのである。

彼が言いたかったのは、事前の暗号解読によって日本軍の攻撃がわかっていたのであるから、当然ハワイに連絡するべきであった、そうすることによって準備をととのえた米軍を見て、日本の機動部隊は攻撃を中止してUターンをした可能性が強く、そうすれば数千人の米国人犠牲者は出なかったかも知れないし、その後の五年間にわたる日米戦争も生起せず、日米数百万の犠牲者も出ることはなかったと主張しているのである。

スティネットの膨大な資料にもとづく『真珠湾の真実』を読んだかぎりでは、日米戦争は明らかにローズヴェルトによる謀略ということができるのである。

国家としての日本と、犠牲になった日米軍人の名誉のためにも、米国政府、とくに国務省は当時の資料を公開すべきであろう。

外交や戦争に謀略はつきものであるから、アメリカが情報を公開することによって、米国に騙《だま》された日本側の戦略的思考の欠陥や、危機管理体制のあまさが指摘されることで今後の参考になるし、事実が明らかになったからといって日米同盟に大きなヒビが入るとは思われない。

なぜなら現在の日米関係は密接な共生関係にあるうえに、半世紀以上も前の事実を理由としてアメリカに復讐しようなどと考える日本人は、国民的資質からしていないからである。

一方で、スティネットの著書『真珠湾の真実』の信憑性を疑う日本人関係者もいることは前述したが、再度強調しておきたいのは、それならばスティネットが十七年間にわたって米国立公文書館その他から集めた資料を、一つずつ洗いなおし、あるいは自身で再調査して検証する必要がある。

日本側の資料だけでスティネットの調査した資料に疑義を呈するのは、片手落ちというものであろう。

第四章　窮鳥の日本を騙したソ連

(1) 日露戦争での大敗を恨みつづける復讐心

一九四一年（昭和十六）四月十三日に、日本とソ連は「日ソ中立条約」を締結し、両国は互いに領土の保全と不可侵を尊重するとともに、一方が第三国の軍事行動の対象となった場合、他方は当該紛争の全期間中、中立をまもることになっていた。

しかし、第二次世界大戦が日本やドイツに不利になりつつあった一九四五年二月、米英首脳とのヤルタ会談において、ソ連はドイツが降伏して二～三ヵ月後に対日参戦することを約束したが、それは対日参戦の代償として「南サハリン（樺太）」と「千島列島」を日本からソ連へ引き渡すという条件を獲得したからである。

一九四五年四月、ソ連は四六年四月に期限のきれる日ソ中立条約の不延長を日本に通告した。そしてドイツ降伏からちょうど三ヵ月後にあたる一九四五年八月九日、日本領域にたいして攻撃を開始し、八月十五日に日本が降伏するまで（ソ満国境の要塞では八月二十六日まで戦闘）つづけて、南サハリンはもとより千島列島も北方四島までふくめて占領してしまった。

戦後一九五六年（昭和三十一）十月になって、日ソの国交は回復したが、ソ連は北方四島を返還せず占領をつづけ、ソ連が崩壊したあとに誕生したロシア連邦も二十一世紀の現在になっても、北方領土を返還せず平和条約も締結していない。

ソ連あるいはロシアという国家が世界最大の領土をもっていながら、なにゆえ北方四島の領有にこだわるのかといえば、四島には豊富な鉱物資源や漁業資源があるからであるが、それ以上に返還に応じようとしない理由がある。

その第一は、日露戦争での大敗北である。

一九〇〇年（明治三十三）六月に発生した北清事変（義和団事変）は、日本をふくむ連合国の介入で同年八月には清国が降伏した。

ところが、義和団事変の最中にその余波が満州におよぶと、当時ロシアが建設中の「東清鉄道」が義和団に破壊されたため、その保護を名目にロシア軍は満州全土を占領してしまった。連合国は事変後、すべて撤退したが、ロシア軍だけは最終議定書の締結後も満州から撤兵せず居座りつづけた。

一九〇三年八月、日本はロシアに対し、ロシア軍撤兵のための日本案を提示した。その内容は、清韓両帝国の独立と領土保全の尊重ならびに商工業機会均等主義、韓国・満州における日露の利益ならびに必要なる利益保護措置の承認などであったが、ロシア側は言を左右にして明確に答えなかった。

日露の交渉は暗礁に乗りあげたが、一九〇四年一月、日本はロシアに対して、満州とその沿岸部は日本の利益範囲外であることをみとめ、ロシアは満州の領土保全を約束すること、日本は満州におけるロシアの特殊権益を承認し、ロシアがその保護措置をとる権利をみとめることなどを条件に、再度、軍隊の撤退を要求した。

しかしロシア側の回答はなく、それどころか逆に陸海軍基地の充実と戦力を増強して居座りつづけた。

ロシアの態度に業をにやした日本は、ついに一九〇四年二月、ロシアと戦端をひらき、海軍はいち早く黄海の制海権を獲得し、陸軍は仁川に上陸して陸上戦闘の主導権をにぎった。

戦争は陸海軍の戦闘とも日本軍の優勢のうちに進展したが、一九〇五年三月十日には奉天において両国陸軍による一大決戦がおこなわれた結果、日本帝国陸軍は大勝利をおさめ、ロシア軍を奉天のはるか北方にある鉄原まで撤退させた。

一方、海軍は一九〇五年五月二十七日に対馬海峡にあらわれた三十八隻からなるロシア艦隊を文字どおり全滅させてしまい、日本側の損害は小さな水雷艇三隻の喪失という信じられない大勝利を得て世界中をおどろかせた。

小さな黄色人種である小国の日本人が、白人の巨大なロシア帝国を完膚なきまでに叩きつぶしたことは、白人列強諸国の植民地政策にあえぐ有色人種や、ロシア帝国の頸木《くびき》にあえぐヨーロッパ弱小民族を狂喜させ、世界中に独立運動の機運をひろげることになった。

日本人は当然ながら大勝利に酔いしれたが、ロシア人にとっては独裁皇帝のみならず、一般民衆にとっても大変なショックと屈辱をうけ、深層心理として長らくロシア人の胸奥ふかく対日復讐精神を醸成することになった。

(2) シベリア出兵も屈辱として恨むロシア人

第二の要因がシベリア出兵である。

第一次大戦中の一九一七年(大正六)十月、ロシア革命によって、ロシア帝国はボリシェビキ一派によって倒されたが、連合軍は反革命派を援助すべく欧州ロシア地域には英仏軍が干渉戦争に乗り出した。

さらにイギリスは、ウラジオストク港に堆積されている六十万トン余りの軍需品がドイツ軍の手にわたるのを阻止するため、日米が共同出兵する必要があるとの提案をおこなった。ちょうどこの時期、ウラジオストクの日本人商会が暴徒におそわれ、三名の日本人が殺傷されたため、日本は五〇〇名の陸戦隊員を上陸させ、香港から航行してきた英軍艦からも五十名の陸戦隊員が上陸した。

さらに一九一八年五月になると、ウラル山中に捕虜として取り残されていたチェコスロヴァキア軍五万が武装蜂起したことが報じられた。

そこでチェコ軍団を救出のため、米国ウイルソン大統領は七月六日、最高軍事会議をひらいて日米それぞれが七千名ずつの軍隊を共同出兵する案を決議し、日本側に伝えてきた。

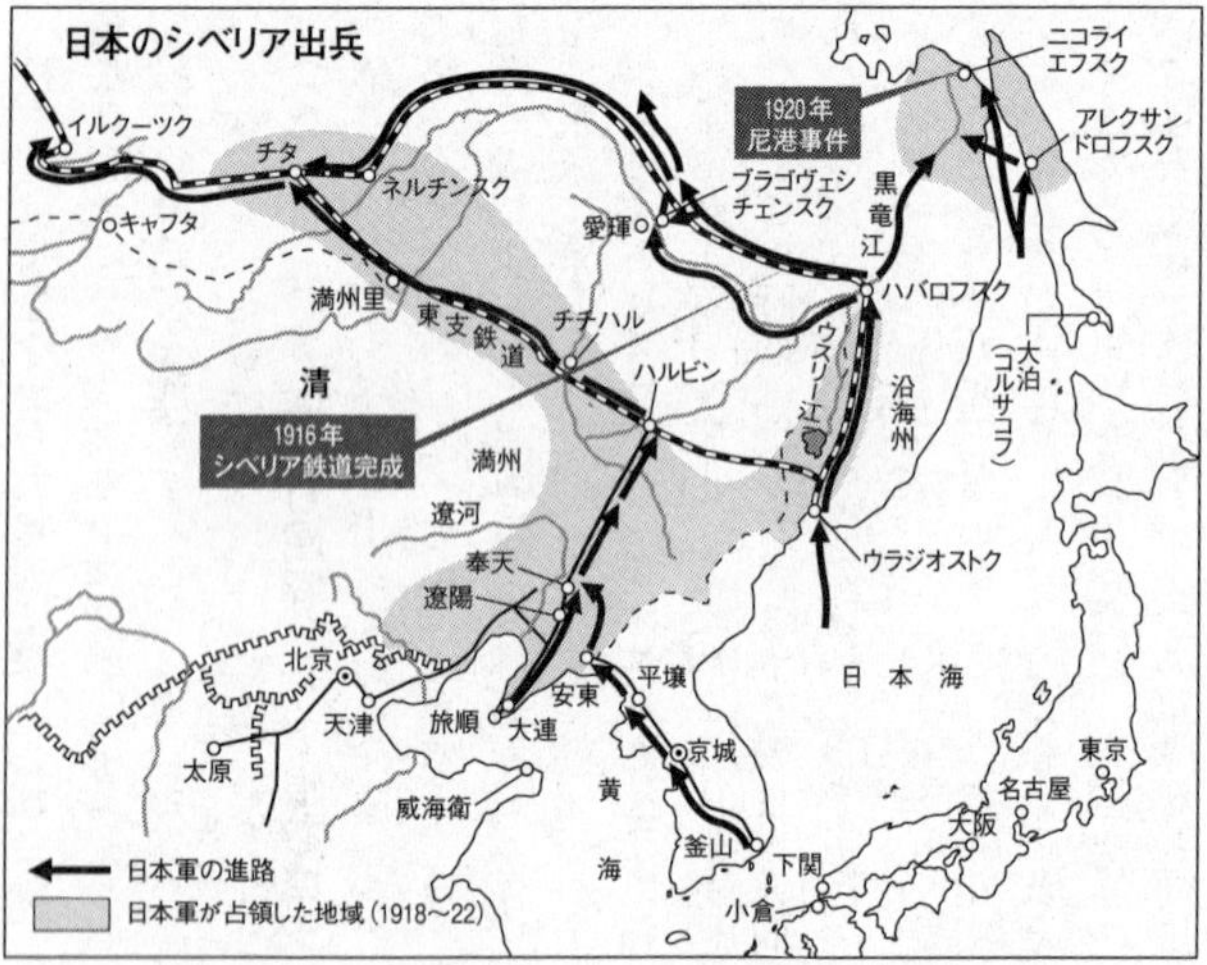

こうして八月に、アメリカが七千名の軍隊をウラジオストクに上陸させたほか、英・仏・伊・カナダ、それに中国が小部隊を派遣して、連合国による共同行動という形態がとられた。

ところが、日本は七万三千名の軍隊を派遣したため、米国は違約を激しくなじり、結局、日本は二万六千名に縮小した。

この結果、チェコ軍団は救出され、初めの目的を達成したうえに、当初シベリアに多数あらわれた反革命軍もボリシェビキ軍によって討伐されたため、一九一九年十二月には、英仏は干渉戦争の中止を決定し、米国は一九二〇年四月に撤兵を完了した。

これに呼応して日本も、一九二〇年三月の閣議で、ウラジオストクを中心とする沿海州南部と、東支鉄道沿線に兵力を配置するだけにとどめ、他はすべて撤退すること

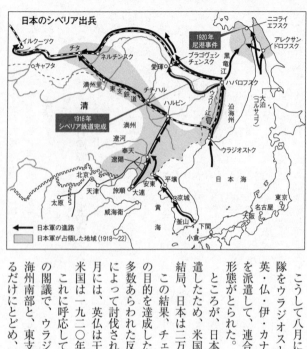

を決定し、それを実施しようとした直後にニコライエフスク港で事件が発生した。

シベリア干渉戦争は、連合軍にとってはチェコ軍団の救出と、反革命軍の支援が目的であったが、ロシア革命を成功させようとしていたソ連にとって干渉軍は、革命をつぶしにきた侵略軍として、敵対感情を剥き出しにした。

しかし、チェコ軍の救出が終わると、英仏米などはシベリアから軍を撤退させたが、日本だけは異常に多い軍隊をシベリアや沿海州に配置して、駐留をつづける姿勢を見せていたため、ソ連政府や共産主義に共鳴するロシア人の対日感情は悪化していた。

現在でもニコライエフスク港事件（尼港事件）は、干渉戦争の延長線上で発生したものとして、ロシア側はパルチザンの攻撃を容認する者が圧倒的に多い。

日本はシベリア出兵と同時に市民八千人のニコライエフスクを占領し、陸軍守備隊と海軍通信隊の将兵三五〇人および日本人居留民三八〇名が一九二〇年には冬ごもり状態にあった。

そこへ同年一月、トリャピツイン率いる四千名のパルチザン部隊（共産ゲリラ）がこの地をおそい、市民四千人を虐殺したうえに、日本軍の大半を戦死させ、残り一四〇名を捕虜としたが、解氷を待って日本からの救援軍が到着する直前に、パルチザン軍は捕虜全員を虐殺して撤退していった。

日本はソ連にたいしてトリャピツインの処刑と領土の割譲をもとめたが、トリャピツインは死刑となったものの領土割譲には応じなかったため、北樺太を一時保障占領した。

日本側から日露戦争、シベリア出兵、そして尼港事件を見ると、いずれも途中に波乱はあっても最終的な結果は日本が勝利を得たかたちになっていた。

だが、ロシア側から見れば、日露戦争の敗北はロシア人の誇りをうばい、シベリア干渉戦争においても捕虜であったチェコ軍団を奪われたうえ、尼港事件では革命派の同士であるトリャピツインを死刑にさせていたから、ソ連になってのロシア人にとっても屈辱的な敗北とうつった。

ロシア人にとって、白人である欧米諸国の軍隊に敗北したのであれば、まだしも、小さい黄色人種で文化程度も低い日本人に敗北したのだから、日露戦争からつづく一連の敗北感は、日本人には想像できないほどの憎悪感情となって、彼らの深層心理にうえつけられていった。

そうであればこそ、一九四五年八月、日ソ中立条約を一方的に破棄して対日侵攻をし、南樺太・北方領土を奪取しただけでなく、民間人をふくむ七十数万人もの日本人捕虜を酷寒のシベリアに抑留して、六万人もの死者を出したことに一片の反省も謝罪感情も持たなかったのは、ロシア人にすればようやく復讐を果たしたという満足感だけであったからだろう。

(3) 日ソ両国が中立条約を締結した本音

一九三九年(昭和十四)八月二十三日、ドイツとソ連は突然、独ソ不可侵条約を締結して世界をおどろかせたが、とりわけ日本政府は青天の霹靂《へきれき》ともう言うべきショックをうけた。

これより先、日本はソ連との間にノモンハンにおいて激戦を展開していたから、友邦国のドイツが敵のソ連と手をにぎること自体、考えられなかったのである。

ノモンハン事件は、一九三九年五月から八月にかけて、満州国の西北ホロンバイル地方を流れるハルハ河と、その支流ホルステン河の合流点付近一帯を中心に、日本軍とソ連・モンゴル人民共和国軍との間でくりひろげられた大規模な軍事衝突事件である。

ノモンハンは、清朝時代から牧草地をめぐって満州民族とモンゴル民族との間に係争がくりかえされてきた地域であった。

関東軍は第二十三師団を派遣したが、モンゴル・ソ連軍の火力・装甲部隊に後退を余儀なくされ、あわてた関東軍はさらに二個師団を増派する決定をしたが、独ソ不可侵条約が締結されておどろいた平沼騏一郎内閣が総辞職したこともあって、陸軍中央部も事件収束の方向で決断をしなければならなくなった。

ノモンハン事件では関東軍に多大の犠牲が出たといわれたが、戦後明らかになったところによれば、モンゴル・ソ連軍も日本軍以上に犠牲者の数が多かったことが判明している。日本軍は当初、爆撃機を使用したが、天皇から統帥権干犯を指摘されたため、中央の意見でもっぱら陸上部隊だけにしぼったため、装甲でまさるソ連軍に押されたというのが真相であった。

結局、日本は一九三九年九月にソ連とノモンハン事件の停戦に合意をした。

ところが、ドイツにとっては迫りくる英仏との決戦にそなえて、東からの脅威はなんとしても避ける必要があるうえ、いずれソ連を攻撃しなければならないために、東から挟撃する日本とも関係を改善しておくことは必要であった。

このためドイツが考えた手は、独伊ソ日の四ヵ国協商案を提唱することであった。日本ではイタリア大使である白鳥敏夫がヒトラーの意をうけて日本政府にもたらしたが、日本ではこの案は多くの指導者によって危険視され、立ち消えとなった。

一方、ソ連はドイツとの開戦がせまっていることを認識したため、ドイツ他三国との協商よりも、「独ソ不可侵条約」のほかに、スターリンは「日ソ中立条約」の提携の方が有利と見ていた。

たまたまドイツの西部戦線における電撃作戦の成功を見た日本の指導部は、モスクワ駐在の東郷大使に、サハリンでの石油利権をからめた日ソ中立条約の提案をソ連側にもちかけるよう訓令を発した。

しかし一九四〇年末になると、電撃作戦で成功したドイツが、対ソ戦の準備に入りつつあったため、松岡外相がモスクワを訪問してモロトフ外相と会談をした一九四一年三月においては、ソ連はすでに四ヵ国協商案には興味なく、むしろ日ソ中立条約に興味がうつっていた。ただし、日本側がもとめる樺太の石油利権には一切応じるつもりはなく、会談は物別れにおわる直前までいったが、スターリンの仲介によって一九四一年四月に日ソ中立条約が成立した。

日ソ中立条約の成立は樺太石油の利権をともなわなかったとはいえ、日本側にとっても北方からの脅威がうすれ、南進政策をすすめるうえで有利な立場にたったことは事実であり、四年間というもの、対米戦にとってもプラス効果をもたらしたといえよう。

また一九四一年六月に勃発した独ソ戦争にたいして、一部では対ソ攻撃論が台頭するが、そうした動きを抑える役割もはたして、ソ連を有利にみちびくことにもなった。

ここで日ソ中立条約を見てみよう。

日ソ中立条約（一九四一年四月十三日、モスクワ）

大日本帝国天皇陛下及びソビエト社会主義共和国連邦最高会議幹部会は、両国間の平和及び友好の関係を強固ならしむるの希望に促され、中立条約を締結することに決し、之が為左の如く其の全権委員を任命せり（全権委員は、日本側、松岡洋右、建川美次、ソビエト側、ヴェー・モロトフ）

第一条　両締約国は両国間に平和及び友好の関係を維持し、且つ相互に他方締約国の領土の保全及び不可侵を尊重すべきことを約す

第二条　締約国の一方が、一又は二以上の第三国よりの軍事行動の対象となる場合には、他方締約国は該紛争の全期間中中立を守るべし

第三条　本条約は両締約国に於いて、其の批准を了したる日より実施せらるべく且つ五年の期間効力を有すべし。両締約国の何れの一方も右期間満了の一年前に本条約の破棄を通告せざるときは、本条約は次の五年間自動的に延長せられたるものと認めらるべし

日ソ中立条約の最大のポイントは第二条にあったことは言うまでもない。日本がソ連とこの条約を締結した目的は、対米英蘭、そして中国との対決にソ連からの軍事的脅威をなくしておこうとしたからである。

さらに第三条において、条約の期間満了の一年前に破棄を通告しないときは、自動的につぎの五年間まで延長されるとなっていることから考えると、ソ連が日本にたいして宣戦布告するには期間満了の一年前に通告する義務があったと解釈できる。

つまり一九四五年八月に戦争をしかけるには、一九四四年の四月に、条約の破棄をしなければならなかったが、実際の通告は一九四五年四月であり開戦の四ヵ月前であったから、ソ連は第三条にも違反していた。

ロシアはヤルタ会談の合意のため、対日参戦をしたと強く主張しているが、日本はヤルタ会談に呼ばれておらず、日本に無断で参加したソ連が五年間有効とした日本との条約を勝手に反故にすることは国際法違反となる。

ソ連がヤルタ会談での決定を履行できるのは、一九四六年四月以降である。

(4) ソ連が卑怯だと言われる三つの理由

ソ連が卑怯なのは、第一に「日ソ中立条約」に違反したことであるが、ほかにも二つある。

すなわち、第二は、戦後七十万以上の日本人を捕虜としてシベリアに長期抑留と強制労働を課したこと、第三に、日本固有の領土である北方領土を奪い取ってしまったことである。

まず日本人捕虜の長期抑留について説明すると、まだ一年間も有効であった日ソ中立条約を無視、ソ連は一六〇万以上の軍隊を怒涛の勢いで満州その他の地域に侵攻させ、在留日本人一〇〇万人に暴虐の限りをつくし、七十数万の関東軍と民間人をシベリアなどの収容所へ送り込んだ。

抑留された日本人は飢えと寒さと苛酷な重労働のために、六万人以上が死亡したが、ソ連も現在のロシアも抑留理由と抑留事情を公開もせず、補償もしていない。

つぎに、北方四島をドサクサにまぎれて占領奪取してしまった点については、南樺太は日露戦争の講和条約によって正式に日本が得た領土であるが、一九五一年（昭和二十六）のサンフランシスコ講和条約で日本は正式に放棄したから問題はない。

だが北方四島は、一八七五年に日本とロシアが千島列島と樺太を交換したときの条約において、北方四島は初めから日本領土として認められ、交換された千島列島は最北の占守島《しむしゅ》から得撫島《うるっぷ》までの十八島を列挙している。

つまり、北方四島である歯舞《はぼまい》諸島、色丹島《しこたん》、国後島《くなしり》、択捉島《えとろふ》は、千島列島にふくまれていないことを明瞭にしめしているが、ソ連はいわば火事場泥棒的に強奪してしまった。

北方領土に関してはハッキリした証拠があるにもかかわらず、ソ連は北方四島を領有したまま返還しようとせず、ソ連崩壊後に誕生したロシア連邦共和国も返還には応じようとしていない。

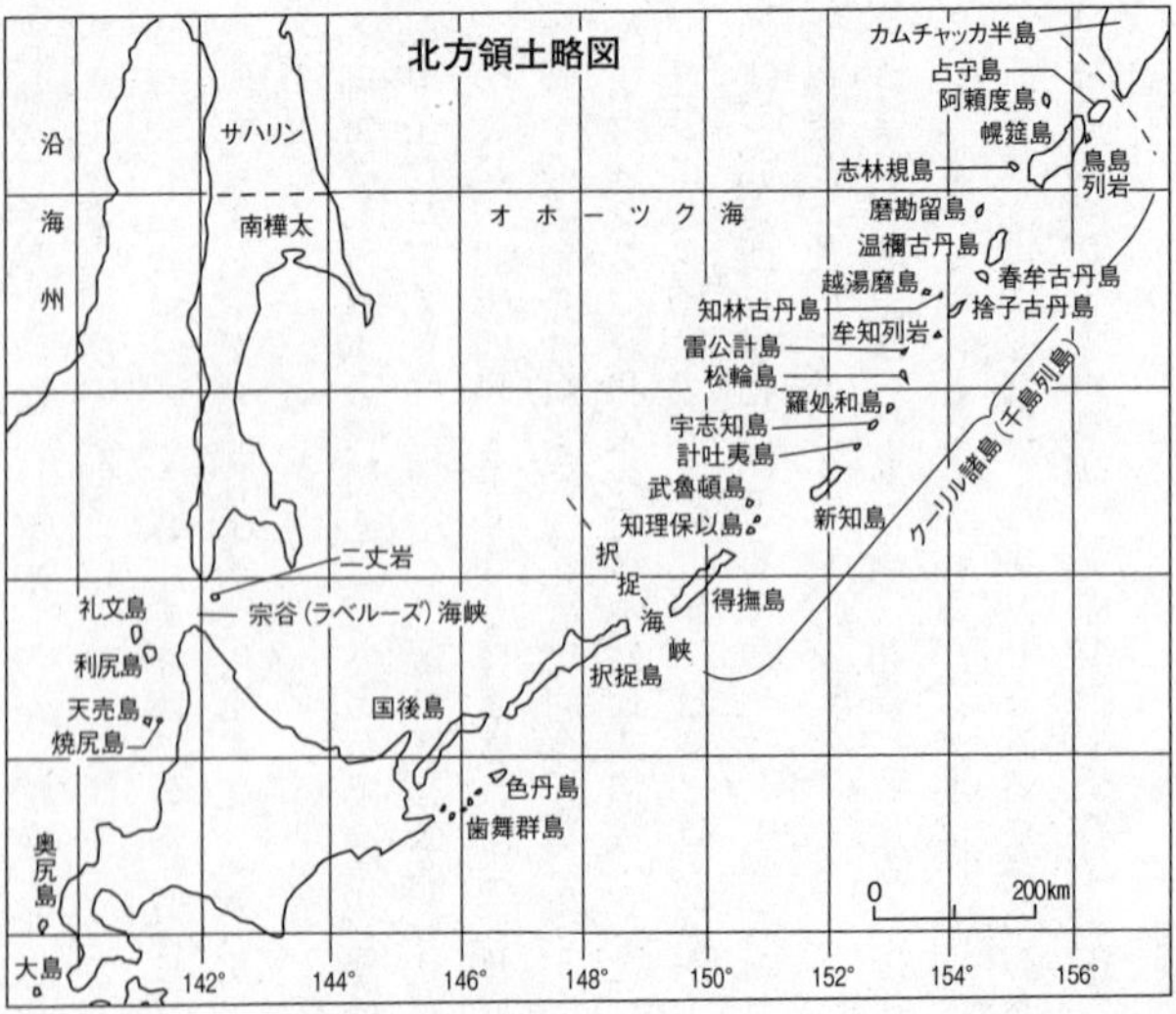

北方領土略図

ソ連が健在であった一九八〇年代、筆者はしばしばソ連大使館の外交官や武官などと、個別に会合をもつ機会があったが、彼らの主張は押しなべてヤルタ会談の結果であるとの認識をくずさなかった。

筆者が日露和親条約（一八五四年）、日露樺太雑居条約（一八六七年）、樺太・千島交換条約（一八七五年）、日露講和条約（一九〇五年）などの歴史的事実をあげて、ソ連側の不当を指摘すると、彼らは日本側の主張が正しいことを認めたが、最後に「でも日本は第二次大戦に負けているから、仕方がない。旧に復したいと考えるならば、もう一度、ソ連と戦争をして力づくで取り戻すしかない」というのが結論であった。

だが、ロシア人に認識してほしいことは、日露戦争において日本の陸海軍がロシア陸海軍を撃破したのは、決してロシアを騙《だま》したり、同盟国とともに挟み撃ちにしたりという卑怯な手段をつかって勝敗を決したものではない。

日本陸軍は最後の奉天大会戦においても、日本軍の兵力・火力ともロシア軍よりも劣るなかで戦闘をおこない、ロシア軍は日本軍をはるかに上まわる戦力で戦闘にのぞんだのである。

要するに、ロシア側指揮官の稚拙《ちせつ》な戦術のために、大敗北を喫したのであって、敗北の責任を日本に転嫁するなど筋違いもはなはだしいのである。奉天会戦での敗北をうらむならば、クロパトキン総司令官の能力と、彼を任命したロシア帝国皇帝にこそ敗北の責任がある。

また、日本海海戦でロシア海軍が日本海軍に全滅させられた原因も、ロジェストウエンスキー中将の戦術がつたなかった以上に、東郷大将と参謀たちのすぐれた戦術と指導力にあったことで、けっして卑怯・卑劣な手段でロシア艦隊を撃沈したものではない。

奉天の戦いでも、日本海の戦いでも、日本はロシア側の通信を傍受したり、暗号を解読して戦闘にのぞんだのでもない。

ロシア人は日露戦争におけるロシアの大敗北が、日本人を原因とするものではなかったことに今もって気づいていないようである。

ロシア帝国が大敗北を喫した最大の原因は、あまりにも強大な権力を持っていたロシア皇帝による独裁権力のあやまった行使と、極東地域の侵略姿勢そのものにあったのである。

話をシベリア抑留にもどそう。

ロシア人が卑怯で残酷な国民といえるのは、日本との中立条約をやぶって突然攻撃をしてきただけでなく、対日参戦からわずか一週間ほどで日本が降伏したために戦争はあっけなく終わった。

なぜなら一九四五年の段階では、対米戦争のために国力と戦力を使いはたしていた日本は、日ソ中立条約に期待して、満州や朝鮮に配備していた関東軍の精鋭部隊と装備をつぎつぎと太平洋方面の戦場へひきぬいていたために、大陸に駐留していた日本軍は年齢が三十歳以上の老兵が圧倒的に多く、装備はきわめて貧弱だったからである。

日本はすでに物量作戦の米軍のために本土まで追いつめられ、あまつさえ原爆を落とされて瀕死の状態にあった。刀は折れ、弓矢は尽きて満身創痍の状態の日本へ、ソ連は突然、精鋭部隊で襲いかかったのである。

日本軍は第二次大戦の初期、勝ちに乗じて東南アジア地域で米英軍を駆逐したときも、戦場にとり残された米英蘭豪などの民間人にまで、部隊をあげて危害をくわえてはいない。なかには不心得な者がいたかも知れないが、軍をあげての暴行や略奪などはしていない。

(5) 七十二万以上の日本人捕虜を不当にシベリアへ抑留

ソ連の対日戦勝利によって、満州・樺太・朝鮮・千島列島などで降伏した日本軍兵士と民間人七十二万人以上は、捕虜としてシベリアへ連行され、シベリアのバム鉄道建設、鉄橋、道路、炭鉱、鉱山労働などに従事させられた。

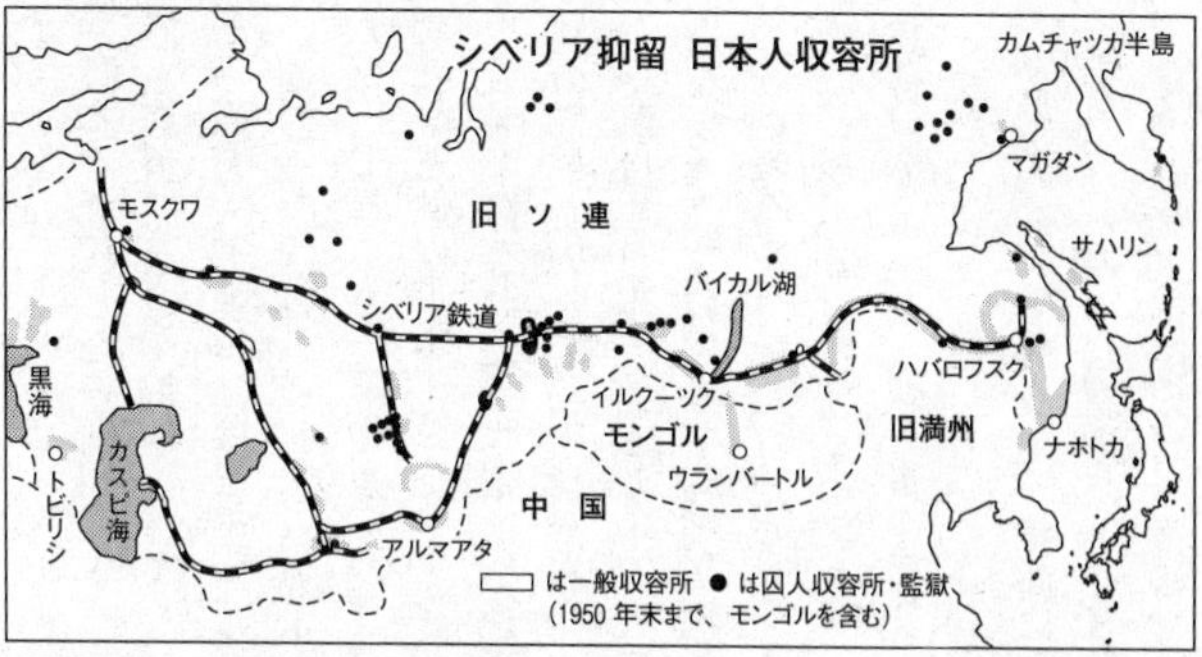

このうち、劣悪な環境で六万人以上が死亡したのである。一九九一年にソ連が崩壊した後、少しずつシベリア抑留の実態が明らかになってきたが、ロシア政府が情報公開を制限しているために、二〇〇七年現在まだ全貌はつかみきれていない。

だが、二〇〇〇年十二月になって明らかにされた資料では、日本人捕虜は、シベリア鉄道に沿うかたちで遠く黒海付近まで送られており、なかには北極海に近い場所やカムチャツカ半島方面にまで連行され収容された者もいた。

ロシアや日本の研究者と、抑留を体験した日本人の話から、これまでに明らかにされたシベリア抑留にいたる経緯は以下の通りである。

一九四五年（昭和二十）八月十五日、日本はポツダム宣言を受諾して降伏し終戦となった。明くる八月十六日、ソ連のスターリン首相はアメリカのトルーマン大統領に親書を送り、「北海道の釧路と留萌を結ぶ線から北側、つまり北海道の半分を占領する」むねを伝えたが、トルーマンはこれを拒否し、かろうじて北海道はソ連の占領をまぬがれた。

日本が降伏した一九四五年八月時点で、海外にはおよそ六〇〇万にのぼる日本人が在留していたが、そのうち半数が軍人と軍属で残りは一般人であった。このうち関東軍の総兵力は七十八万人、朝鮮には二十六万人がおり、合計一〇四万人が大陸に残留していた。

この一〇四万のうち、ソ連軍との戦闘で死亡した日本兵は二万数千人（ソ連側の発表では八万三七三七人）であるから、一〇〇万人規模の日本軍人がソ連軍の捕虜となった計算となる（ソ連側の主張する人数を引いても九十五万人）。

武装解除された日本軍はソ連軍に捕まったが、八月二十三日になってスターリンはソ連軍司令部にたいして秘密指令を発した。

それは「日本人捕虜五十万人の受け入れ、配置、労働利用について」と題するもので、捕虜をシベリアに送って強制労働させる目的を発表した。

この指令をうけたソ連軍兵士たちは、戦争が終結したので帰国を待ち望んでいる日本軍兵士に、シベリア抑留をつげると日本兵が抵抗するかも知れないと危惧して、「もうすぐ東京に帰れる（スコール・トーキオ・ダモイ）」と繰りかえして騙《だま》し、貨車でシベリアに連行していった。

日本人捕虜は最長十一年間にわたって酷寒の地シベリアで強制労働に服し、帰国したのは六十六万人のやせ衰えた生存者と、一万六千人の遺骨であり、数万の遺骨は現地に残された。

日本の厚生省援護局の資料では、抑留者は五十七万五千人、死亡者は五万五千人となって

送還された日本の軍事捕虜と民間人 (1952年7月1日現在)

時　期	軍事捕虜	民間人	合　計
1946/ 9/16-1947/12/16	243060	380307	623367
1947/12/16-1949/ 3/10	175117	112926	288043
1949/ 3/10-1950/ 3/10	90661	6442	97103
1950/ 3/10-1951/ 3/10	1571		1571
1951/ 3/10-1952/ 2/10	8		8
合　計	510417	499675	1010092

(出所:ロシア連邦国立古文書館、関係文書9526、目録4、文書24、282頁)

いるが、ロシア側の研究者によると、捕虜総数は六十四万人、死亡者は六万二千人となっている。

しかし、実際に抑留から帰国したのは六十六万人、死亡者は六万人であるから、少なくとも七十二万人が抑留されていたことになり、厚生省の数字にしてもロシア人研究者の数字にしても、実数を捉えていない。

シベリアでの抑留期間中、日本人捕虜たちは酷寒の地で満足な食事もあたえられず、強制労働をさせられたのみならず、共産主義思想を叩き込むための教育までおこなわれ、このために帰国してから日本共産党に入党した者も少なくないといわれる。

この思想教育は「民主運動」といわれ、一九四六年ころは「友の会」、四七年には「民主グループ」、一九四九年には「反ファシスト委員会」などの名称で呼ばれ、教材には日本語で書かれた「日本新聞」が使用された。

ソ連側は、日本へ一刻も早く帰国したいという捕虜の心情を逆手にとって、共産主義に賛成した者から優先的に帰国させるという卑劣な手段をもちいたり、また仲間を裏切らせたり密告させたりという人間の弱みをつく方法で、日本兵の団結心をズタズタにすることをもくろんだのである。

「日本新聞」の編集長はイワン・コワレンコで、ハバロフスクの印刷所では日ソ半々の五十人ほどの専従スタッフが印刷業務に従事していた。

こうした思想教育によって、旧日本軍将校たちは「反動」のレッテルを張られ、人民裁判の名のもとに、収容所内で吊るし上げなどのリンチにあった。

もっとも民主運動の熱気も、やがて帰国が許されて舞鶴港に上陸すると、一ヵ月も経たないうちに雲散霧消してしまい、ソ連のもくろみは失敗した。

(6) なぜスターリンは日本人を不当に抑留したのか

スターリンは、なにゆえ日本人を捕虜とし、しかも長期にわたって抑留したのであろうか。考えられる理由は、日露戦争の敗北などによる復讐のほかに三つほどあった。

第一に、経済的理由である。

ソ連はドイツとの戦争に勝利はしたが、五年間にわたる戦争で、ロシア西部地方の社会インフラ、産業施設や軍事基地などが破壊され、人口も大幅に減少したため、国土復興のために大量の労働人口を必要としていたことである。

これは、日本人捕虜が配置された産業分野を見れば明らかである。

もっとも多く捕虜人口が割りあてられたのは、明らかにされているだけでも、第二シベリア鉄道と呼ばれるバイカル・アムール鉄道（通称バム鉄道）の建設に十五万人が従事させられ、ついで石炭採掘に八万六千人、そして工場・港湾の建設に六万九千人、木材調達に五万九千人、鉱石採掘に四万六千人、各地の兵舎建設に三万六千人、鉄道会社の作業に二万七千人のほか、民間工場の作業、軍需工場の作業、石油採掘などに駆り出された。

第二の理由は、張鼓峰事件やノモンハン事件などの軍事紛争のために、独ソ戦争で使えたはずのソ連軍八十万が西部戦線に投入できず、長期にわたって苦戦を強いられたことにたいする懲罰である。

産業分野	人数
バイカル・アムール鉄道建設	150000
鉄道企業の作業	27000
石炭採掘	86500
工場・港湾の建設	69000
木材調達	59000
鉱石採掘	46000
兵舎建設	36000
軍需工場の作業	4000
民間工場の作業	16000
石油採掘	6500
合計	500000

張鼓峰事件やノモンハン事件がなければ、少なくとも半分以上の極東ソ連軍を遊撃軍として対独作戦に投入できたと、ロシア人は考えているからである。

つまり、日本軍が邪魔をしたという認識である。

第三の理由は、日本人捕虜を長期に抑留する間に、捕虜たちに共産主義思想を注入しておき、帰国後は彼らが戦後の日本を共産化することによって、国際問題でソ連が指導的役割を果たすという欲求があったと考えられる。

以上のような理由で、シベリアに抑留された日本人は、過酷をきわめた環境におかれたのである。

ロシア連邦国防省中央古文書館の資料によれば、スターリンの長期抑留命令が急であったため、七十万人以上もの捕虜を輸送する機関が不足しただけでなく、捕虜への食料も二ヵ月分が実際には十日分しか行きわたらず、まず飢えに苦しまなければならなかった。

そのうえ、収容所の建物も不足していたため、ゼムリャンカ（半地下小屋）を掘ってバラックを建てる有様だった。このため、日本人捕虜の多くが捕虜生活の一年目と翌年を持ちこたえることができず、六万人以上が死亡した。

戦争捕虜の待遇にかんしては、一八九九年七月および一九〇七年十月に調印された陸戦の法規、および慣例に関するヘーグ条約に定められているが、第二次大戦後の一九四九年八月十二日、ジュネーブにおいて「捕虜の待遇に関する一九四九年のジュネーブ条約」が成立している。

ソ連の日本人捕虜にたいする不当な抑留行為は、ヘーグ条約にもジュネーブ条約にも違反している。ちなみにジュネーブ条約の該当する条文を以下に記載しておくことにする。

捕虜の待遇に関するジュネーブ条約（一九四九年八月十二日）〈抜粋〉

第二編捕虜の一般的保護

第十三条　人道的待遇、復仇の禁止

捕虜は、常に人道的に待遇しなければならない。抑留国の不法の作為又は不作為で、抑留している捕虜を死に至らしめ、又はその健康に重大な危険を及ぼすものは、禁止し、且つ、この条約の重大な違反と認める。（中略）また、捕虜は、常に保護しなければならず、特に、暴行又は脅迫並びに侮辱及び公衆の好奇心から保護しなければならない。

第四編　捕虜たる身分の終了

第二部　敵対行為の終了の際における捕虜の解放及び送還

第一一八条　解放と送還

捕虜は、実際の敵対行為が終了した後、遅滞なく解放し、且つ、送還しなければならない。このための規程が敵対行為を終了するために紛争当事国間で締結した協定中にない場合、又はそのような協定がない場合には、各抑留国は、前項に定める原則に従って、遅滞なく送還の計画を自ら作成し、且つ、実施しなければならない。

以上の捕虜の待遇に関する規程を見れば、ソ連は第十三条と一一八条に違反していることは明らかである。

日本が連合国（米・英・中華民国）などが決定したポツダム宣言を受け入れて降伏したのは、一九四五年（昭和二十）八月十五日であるが、正式に「降伏文書」に署名したのは九月二日、東京湾にやって来た戦艦ミズーリ号上である。連合国代表は米・英・仏・ソ・蘭・中・豪・ニュージーランド、日本側代表は重光葵と梅津美治郎であった。

八月十五日の戦闘行為が終了した後、ソ連軍に降伏した日本兵は抑留されるのは当然であるが、正式な降伏文書に署名した九月二日以降は、抑留国であるソ連は日本兵を解放しなければならない義務があった。

それにもかかわらず、スターリンは八月二十三日に秘密指令を発して日本兵をシベリアへ輸送する準備を命じていたのである。

少なくとも一九四九年八月には、ジュネーブ条約にもとづいて遅滞なく釈放しなければならなかった。わずか一週間の戦闘で捕虜にした兵士を、十年以上も長期抑留と強制労働にかり出したソ連は、完全に国際法の捕虜規程に違反するものである。

旧ソ連も現在のロシア政府も、こうした国際法違反について一切の釈明をしていないが、日本政府はロシア国民にシベリア抑留の実態を一刻も早く知らしめ、ロシア人の誠意を引き出す必要がある。

(7) ロシア国民は北方領土や不当抑留をどのように考えているか

ロシア沿海州地方の高等学校で使用されている歴史教科書『ロシア沿海地方の歴史』では、対日戦について「一九四五年九月初めまでに、ソ連軍は北東中国と北朝鮮の解放を達成した。露日戦争後に失われた南サハリンのソ連邦への返還と、クーリル(千島)列島の引き渡しは、同盟国がソ連の対日参戦の条件を取り決めたヤルタ会談の決定によって規程されていた」とある。

また戦後のソ日関係の項では、「すでに一九五六年に、モスクワでソ日共同宣言が調印されていた。共同宣言は、国交回復のほかにも国家間の貿易・経済関係の発展を規程していた」と記述されている。

しかし、「クーリル列島の帰属に関する問題での双方の立場の違いから、日本との間に平和条約は調印されなかった。その後の二十年間に新しいソ日関係が確立していったが（中略）七〇年代には、オホーツク海での漁業をめぐる係争問題と〝北方領土〟問題のために、ソ日関係は依然として緊迫した状態が続いている」となっている。

この教科書では、対日参戦の結果、日本が南サハリンのソ連邦への返還と、クーリル列島の引き渡しが完了したと述べているが、それにもかかわらず、なぜ依然として北方領土問題が存在しているのかの理由を何も記述していない。

それは、日本がなぜ北方領土の回復にこだわっているのか、日本側の主張を記載すればロシア側の主張が完全に崩れ去ることを恐れているからである。要するに自国にとって都合の悪いことは、黙秘を決め込むのがロシア人の常套手段である。

ロシアは建国以来、領土を膨張させてきたが、その動機は凍らない港の確保にあった。西側ではバルト海の不凍港、西南ではバルカン半島と黒海から地中海の不凍港の確保を、南ではイランからペルシア湾をめざし、極東では旅順や仁川などの不凍港を求めてきた。

そこで、「極東地域」での領土膨張はいかにしてなされたのか、ロシアの歴史教科書で、その説明を見てみよう。

ロシアは一八五八年に清国領土である満州の北部をうばい、二年後の一八六〇年にはおなじく満州の沿海州地方まで取り上げたが、この点の記述は以下のようになっている。
「ロシア政府によって実行された地方の発展と防衛のための実際的な諸行動は、『アムール問題』の解決を早めた。東シベリア総督に任命されていたムラビヨフ＝アムールスキーは、国境に関する新しい条約の締結についての清国側との交渉を、ロシア政府によって一任された。

一八五八年五月十日、アムール川を航行してきたムラビヨフは、川の右岸にある清国の行政の中心地である愛琿《あいぐん》にやって来た。清国の役人も到着した。五日間つづいた交渉は、きわめて緊迫した困難なものであった。

一八五八年五月十六日、愛琿の名称をあたえられた条約が締結された。その規程は、一八五八年六月一日に、プチャーチンによって調印された天津条約により、揺るぎないものとされた」となっている。

また沿海州をとりあげた北京条約の記述は、「一八五九年三月、イグナチェフを団長とする特別の使節団が清国に派遣された。一八六〇年十一月二日、陸軍少将イグナチェフと清国の恭親王《きょうしんのう》は、『追加の』と呼ばれた北京条約に調印した。この条約によって、ロシアと清国の間の東部国境が画定された」となっている。

この二つの条約によって、ロシアは、満州の全面積の半分にあたる領土を清朝から脅しとったが、なにゆえ清朝がロシアに領土を割譲したのかの理由は一切述べられていない。

もう一つの事件である日本人のシベリア抑留の件についても、「沿海地方の歴史」には一言も記述していないから、ソ連時代の人民も現在のロシア国民も、シベリア抑留の事実をまったく知らない。

現代ロシアの若者も、こうした教科書の記述にたいして、疑問を起こすことなく、シベリアも千島列島もロシア人が開拓して手に入れた領域と考えているから、北方領土を返還せよと主張する日本にたいして、むしろ不快感をもっている。

ところで、日本の首都である東京には各国大使館があるが、一九五六年の日ソ国交回復いらいソ連大使館の時代から現在まで、この麻布狸穴にあるロシア大使館の警備をするために、警視庁の機動隊を乗せた大型バスが土曜日曜も関係なく、三六五日、常駐している。

国交回復いらい五十年間にもわたって四六時中、日本の警察機動隊に厳重に警戒されている大使館は、ロシア大使館だけである。

なぜかと言うと、ソ連やロシアが依然として北方領土を返還しないことと、シベリア抑留にたいして何らの謝罪も補償もしていないために、日本人からロシア人にたいする悪感情が除去されず、とりわけ右翼政治団体は、激しい抗議行動に訴えるため、不測の事態が起きないよう警視庁が警備しているからである。

ロシア大使館に常駐するロシア人外交官は、こうした現実を正しく理解し、一刻も早い対処をする必要があろう。

同時に外務省はロシア国民にたいして、この異常な状態をインターネットで説明をし、北方領土の問題を一刻も早く解決する必要をうったえる義務と責任がある。

第五章　アラブ人とユダヤ人を騙した英国

（1）三宗教の聖地パレスチナの複雑な歴史の流れ

二〇〇七年八月現在パレスチナ地方では、パレスチナ自治政府内で分裂を起こし、ハマスとファタハの勢力が相争う状態となっている。

ほんの少し前まではイスラエルとパレスチナ自治政府との争いであったのに、自治政府内が分裂してしまったのは、イスラエル抹殺を掲げるハマスに対して、おなじ思想をもつイランが多額の援助をおこなったために、イスラエルとの協調路線をとるファタハ主導の政府とハマスが衝突したものである。

じつは、パレスチナ地方がユダヤ人とアラブ人の間で、殺戮の場になりはじめたのは、第一次世界大戦がきっかけだった。

一九一四年（大正三）六月、セルビアの都市サラエボで、オーストリア皇太子が暗殺されたことから始まった第一次世界大戦は、ドイツを盟主とする枢軸国側と、英仏を盟主とする連合国側とに分かれて、四年間も戦いがおこなわれた。

ドイツとの戦いが膠着状態を呈してくる一九一五年になると、イギリスはドイツ同盟国の一角であるトルコ帝国を降伏させて、枢軸側をきりくずす作戦をたてた。

そのために打った手が、トルコの支配下にあるパレスチナ地方のアラブ人とユダヤ人を利用することだった。

パレスチナ地方とは、現在のイスラエル地域とヨルダン川西岸地域、そしてガザ地域をふくむ地中海東岸一帯をさすが、聖書にいう「カナン」の地で、古代イスラエル王国の領域でもあった。

カナンの地は、紀元前十一世紀にサウル王のもとでヘブライ人（ユダヤ人）の部族連合体が王制に移行、さらに後をついだダヴィデが再統一をしてヘブライ王国を建設（ＢＣ一〇〇四年）、エルサレムを王国の首都とさだめて、その子のソロモン王はさらに強力な国家をつくりあげた。

しかしソロモン王の死後、国家はイスラエル王国とユダ王国に分裂し、イスラエル王国は紀元前七二二年にアッシリアによって滅ぼされ、ユダ王国は紀元前五八七年に新バビロニアによって滅ぼされて、多くの住民はバビロニアに連行され捕われの身となった。

だが、新バビロニアも紀元前五三九年にはアケメネス朝ペルシア帝国に征服され、虜囚となっていたユダヤ人たちは四十八年ぶりに解放されてパレスチナへ戻ることができた。

それでいて、これ以降二五〇〇年間にわたってパレスチナ地方は、アレクサンダー大王（ギリシア人）、プトレマイオス朝（ギリシア人）、ローマ帝国（キリスト教）、ビザンツ帝国（キリスト教）、サラセン帝国、ウマイア朝、アッバース朝、ファーティマ朝（いずれもアラブ人。イスラム教）、セルジュク・トルコ帝国（トルコ人・イスラム教）、アイユーブ朝、マルムーク朝（いずれもアラブ人。イスラム教）、オスマン・トルコ帝国（トルコ人・イスラム教）など巨大帝国の支配を受けつづけた。

紀元前のパレスチナ地方には、ユダヤ教を信仰するバビロニアから帰還したユダヤ人たちが居住していたが、その後、エルサレムはイエス・キリストが誕生（ＢＣ四）してキリスト教が興り信仰がひろまっていくと、キリスト教徒にとっても重要な聖地であり巡礼地ともなった。

ところが、キリストが生まれてから後の六一〇年ころ、メッカのハーシム家の商人であるムハンマドが神の啓示をうけたとして、新たにイスラム教を創始し、アラビア半島一帯に勢力をひろめた。

イスラムの布教活動は右手に剣、左手にコーランを持つアラブ軍団となって征服戦争としておこなわれ、またたくうちにパレスチナ、小アジア、中央アジア、北部インド、北部アフリカ、バルカン半島にまで領土を拡大していった。

「コーラン」というのは、アラビア語で書かれたイスラムの根本聖典で、正しい発音は「クルアーン」という。

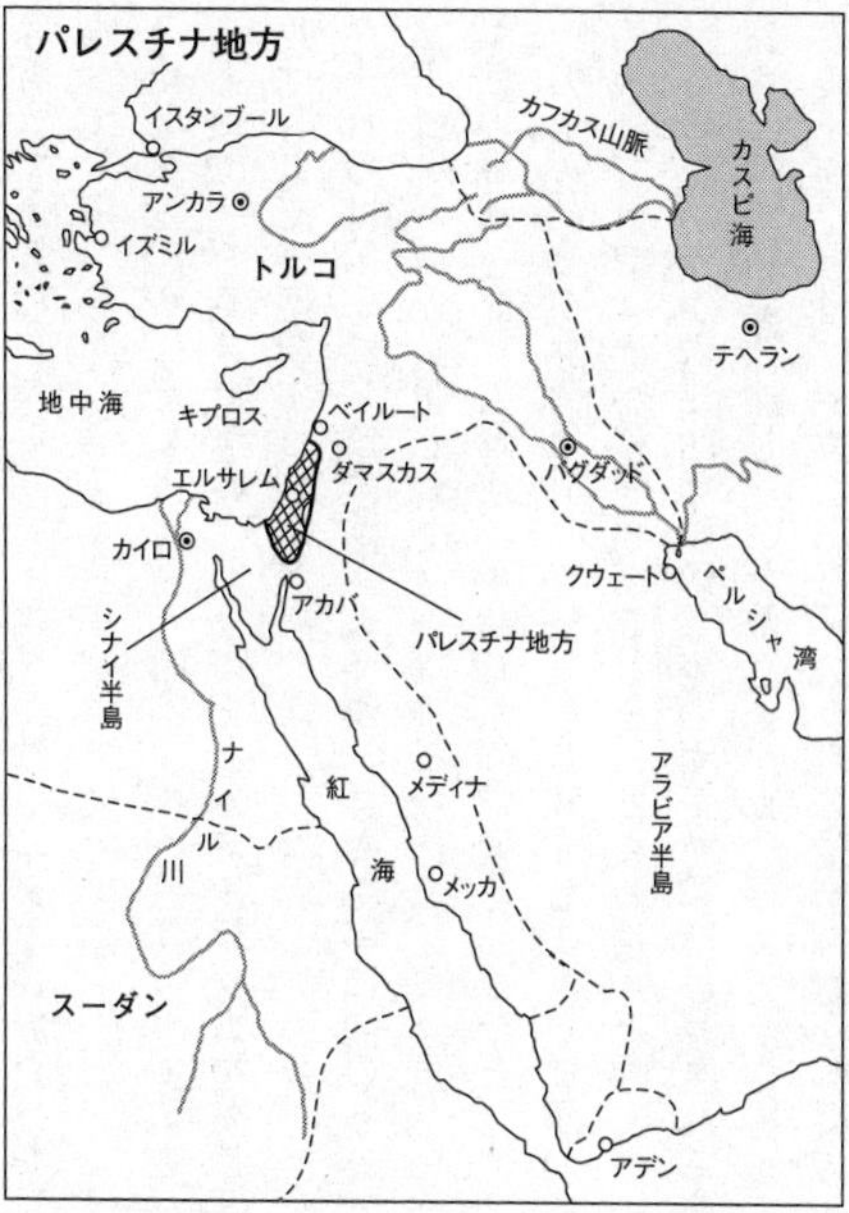

内容はムハンマドが最初に神の啓示をうけた六一〇年から六三二年の死にいたるまでの二十二年間、預言者として活動する折々に神から下されたとされる啓示を、側近の人々が記憶し、のちに収録したものである。

コーランは神が一人称で語ったそのままの言葉として、一切の人間の言葉から区別され、収録に際しては人間による文学的作為はすべて排除された。

「クルアーン」とは元来「読《どく》誦《しょう》」の意味であるが、それは絶対神アッラーが天使ガブリエルを通して直接ムハンマドに読み聞かせたものであり、したがってコーランとは朗々と声を出して誦するものである。

ところで、以上の三つの宗教とも「一神教」という共通性を保持しているが、キリスト教とイスラム教が個人の精神的救済を目的とする「世界宗教」であるのにたいして、ユダヤ教はユダヤ民族だけを対象とする「民族宗教」の性格をもっている。

そして三つの宗教に共通するもう一つが、エルサレムという土地である。ユダヤ教とキリスト教は、パレスチナの主要都市であるエルサレムを聖地としたが、イスラム教の場合もエルサレムを神聖視する理由があった。

それらは第一に、イスラム教徒が礼拝のさいに向かう方向を「キブラ」というが、ムハンマドはメッカから追われてメディナへ移住（ヒジュラという）した直後、その地にいたユダヤ教の儀礼を取り入れ、エルサレムの神殿をキブラとした。

ちなみにヒジュラとは「移住」を意味するアラビア語であるが、ムハンマドがメッカから追われてメディナへ移住したことを「聖なる遷《せん》」と呼んでいる。

このキブラが六二四年にメッカのカーバ神殿に移されるまで、ムハンマドも信者もエルサレムに向かって礼拝していたが、メッカに移ってからもエルサレムは尊崇されつづけた。

「カーバ」とはメッカにあるイスラムの最も神聖な神殿であり、同時に立方体を意味するが、コーランによればカーバの建設者はアブラハムとその子イシュマエルとされている。

現在、カーバはメッカの聖モスクの中庭の中央にある大理石の基盤の上にある長さ十二メートル、奥行き十メートル、高さ十五メートルの石造りの建物で、その四隅はほぼ東西南北を指している。内部は大理石の敷石の床となり、三本の木の柱があって屋根を支えている。建物の外側面は一枚の絹布でおおわれ、巡礼の期間だけ下部が巻き上げられる。

ムスリム（イスラム教徒）は日に五回の礼拝を全世界からカーバに向かっておこない、巡礼はカーバをめざしておこなう。

第二に、イスラム教の教えによれば、ムハンマドは天使ガブリエルに連れられて翼のある天馬に乗り、エルサレムに旅したが、そこにはムハンマドが天界巡りのために旅立ったとされる神聖な岩があり、そこから光の梯子《はしご》をのぼって昇天し、神の御座にひれ伏したと伝えている。

このため第五代カリフとなったアブド・アルマリクは、エルサレムの聖域内に「岩のドーム」と呼ばれる聖なる礼拝堂を建設した。

余談ながら「カリフ」は、アラビア語ではハリーファと呼ばれるが、意味は「継承者」または「代理者」で、通常は初期イスラム国家の最高権威者をさしている。

ムハンマドは後継者を指名せずに死んだため、教団は一時分裂の危機に直面したが、結局アブー・バクルが忠誠の誓いをたてて、彼が指導者になった。その時「神の使徒（すなわちムハンマド）の代理」という意味で「ハリーファ・ラスール・アッラー」と称したのが、カリフの呼称の最初である。

ともあれエルサレムの地は、ムハンマドがメッカにカーバ神殿がつくられるまで礼拝していた神殿があるエルサレムにみちびかれた夜の旅と、そこでのムハンマドの昇天（ミラージュ）を意味するようになった。かくしてエルサレムは、メッカ、メディナにつぐ第三の聖地として、その地位が確立された。

つまりパレスチナ地方、とりわけエルサレムは「宗教の坩堝《るつぼ》」と化していたのである。

さらにパレスチナ地方は七世紀にイスラム教が誕生して以来、イスラム系王朝が支配し、その間に欧州からのキリスト教十字軍との戦いが二〇〇年間（一〇九八〜一二九一年）ほどつづくが、一二九一年以降は完全にイスラム教を奉じる王朝がパレスチ地方を支配してきた。

このため、パレスチナ地方にはキリスト教徒がほとんどいなくなり、ユダヤ人の人口も一八八二年以前は、パレスチナの全人口五十万人のうちわずか二万四千人が居住するのみであった。

それは古代に王国が滅ぼされて以来、多くのユダヤの民はパレスチナの地をはなれて、ヨーロッパ各地に散っていったからだが、彼らはキリスト教徒の支配する土地でもユダヤ教を頑強に信奉したため、キリスト教諸民族から迫害され、二十世紀になるとヒトラーから民族浄化をうけるほどの扱いをされた。

(2) オスマン・トルコ帝国内で独立運動はじまる

そして一八八一年、ロシア帝国内の社会不安のためにユダヤ人排撃事件（略奪・暴行・虐殺）がロシア各地で発生すると、ユダヤ人たちは集団でパレスチナへ移住しはじめた。

この結果、第一次世界大戦が始まる一九一四年には、パレスチナにおけるユダヤ人口は八万五千人に増加し、一九二二年の人口調査によると、アラブとユダヤの人口比はアラブ人八九パーセント対ユダヤ人一一パーセントとなった。

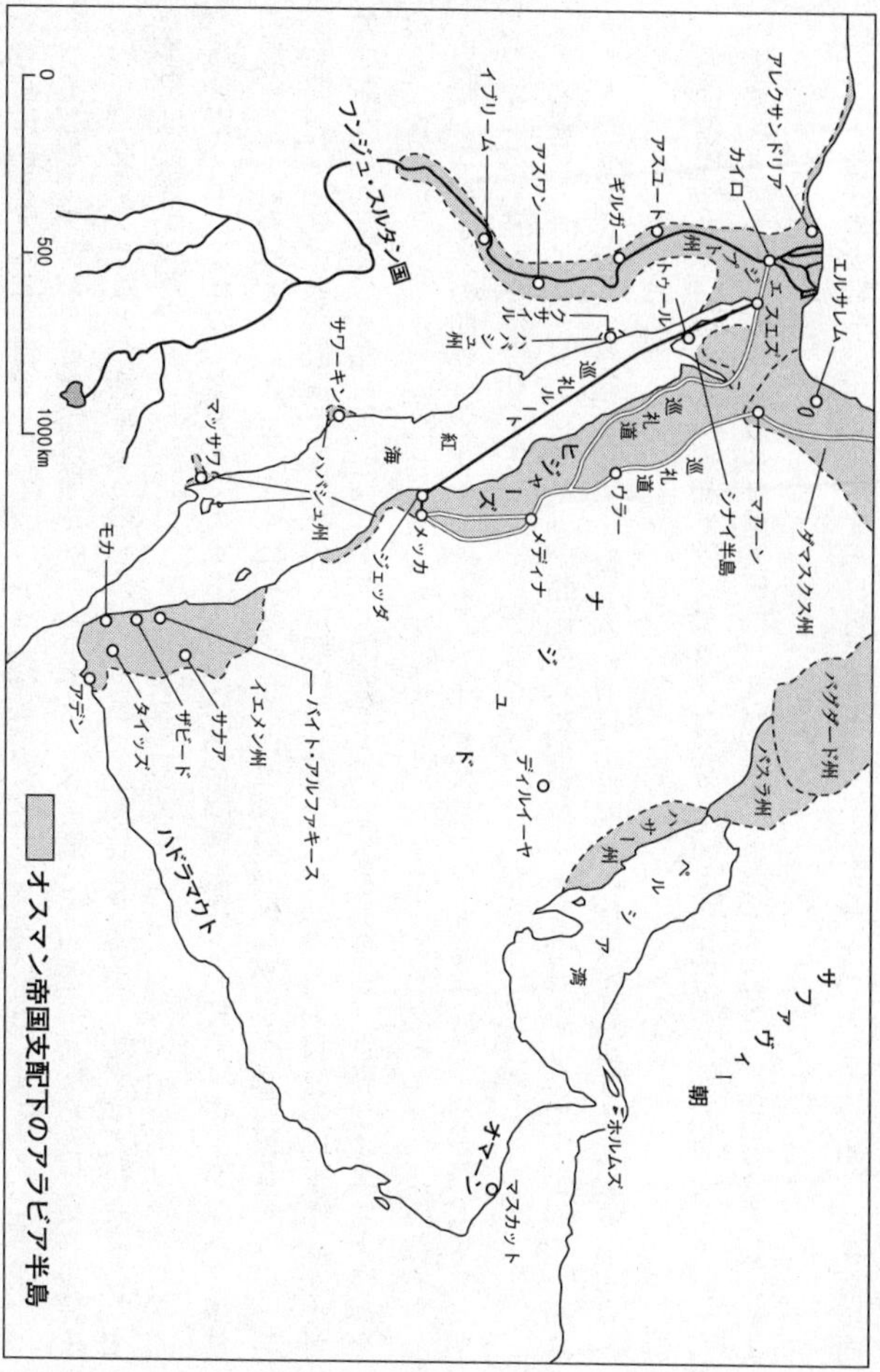

オスマン帝国支配下のアラビア半島
アレクサンドリア
カイロ
エルサレム
アスユート
ギルガー
アスワン
イブリーム
フンジュ・スルタン国
エジプト州
トゥール
スエズ
ダマスクス州
マアーン
シナイ半島
クサイル
ハバシュ州
サワーキン
巡礼ルート
紅海
マッサワ
ハバシュ州
ヒジャーズ
巡礼道
ウラー
メディナ
メッカ
ジェッダ
ナジュド
モカ
アデン
タイッズ
ザビード
サナア
イエメン州
バイト・アルファキース
ハドラマウト
ディルイーヤ
バグダード州
バスラ州
ハサー州
ペルシア湾
サファヴィー朝
ホルムズ
オマーン
マスカット
0
500
1000 km

さらに一八九四年、ユダヤ人でフランス陸軍大尉のドレフュス（Dreyfus）が、ドイツのスパイとしてフランス官憲に逮捕され、南米ギアナへ流刑となったが、明らかに冤罪《えんざい》事件であった。文豪ゾラなどの活躍で、のちにドレフュスは釈放されたが、ユダヤ人社会にあたえた衝撃は大きかった。

ハンガリー生まれのユダヤ人で、オーストリアの新聞特派員としてパリでドレフュス事件を取材していたヘルツル（Theodor Herzl）は、西欧社会の反ユダヤ主義に衝撃をうけ、ユダヤ問題はユダヤ人が放浪していたのでは解決されずとし、ユダヤ人自身の国家建設が不可欠であるとして、一八九六年に『ユダヤ人国家』という本を執筆し、世界シオニスト機構を設立した。

以降、ユダヤ人の間では、ユダヤ人を「シオンの丘（パレスチナ）」に帰還させようとするシオニズム運動が活発化していくことになった。

その運動の骨子は、ヨーロッパ列強諸国の政治的保証をとりつけたうえで、世界中からユダヤ人のパレスチナへの移住をすすめ、最終的にはユダヤ人国家を建設するというものだった。

ちなみに一九三一年の人口調査では、アラブ対ユダヤの人口比は、八四パーセント対一六パーセント、一九三五年にはユダヤ人口は二八パーセントへと上昇し、二十万人を超えるまでになった。

一方、第一次大戦前のアラビア半島に目をうつすと、アラブ人の大きな集団は、紅海に面するヒジャーズ地方と、中部地方からペルシア湾岸までを勢力範囲とするナジュド地方に分かれて居住していたが、メッカとメディナを擁するヒジャーズ地方は、オスマン・トルコ帝国の支配を受けていた。

ところが、オスマン帝国の支配がおよばないアラビア半島の中部にあるナジュド地方では、十八世紀の中葉にイブン・アブドゥル・ワッハーブが世俗化していたシーア派を批判し、純粋なイスラムの復興をめざすワッハーブ運動を興した。

彼はナジュド地方の大豪族であるサウド家と協力して、一七四四年に小国家を樹立し、ナジュドの部族間戦争を勝ちぬいて勢力をひろげ、イラク南部のシーア派廟などを攻撃して、それらを管理するオスマン・トルコ軍としばしば紛争を起こしはじめた。

一八〇二年にはナジュドの支配者であるサウド家の軍隊が、イラク地方にあるシーア派の聖地・カルバラーに攻め込み、一八〇三年にはメッカ、一八〇五年にはメディナなどを攻撃することによって、ワッハーブ派の勢力を浸透させるなど、トルコ帝国の支配を根底からゆさぶる事態になっていた。

このため、ワッハーブ運動はトルコ帝国支配の地域や、ヨーロッパ植民地主義にたいする抵抗運動に大きな影響をあたえる結果となった。

二十世紀に入ると、ドイツの三B政策（ベルリン、ビザンチン、バグダード）によって、トルコ帝国はドイツと同盟をむすび、その援助をうけてアンマンからアカバをへてメッカにいたるヒジャーズ鉄道を延伸していた。

このため、鉄道が敷設されたヒジャーズ地方はトルコ帝国による統制管理がいっそう強化されたが、トルコ帝国からメッカのアミール（総督）をまかされていたハーシム家のフサインはトルコ帝国に反発し、独立の機会をうかがっていた。

（3）イギリスがアラブ人を利用した裏事情

第一次世界大戦の火蓋は一九一四年七月に切って落とされ、ドイツ帝国・オーストリア二重帝国は、ほかにもブルガリア王国やトルコ帝国と手をにぎって枢軸国として戦ったが、イギリスは枢軸側のなかではもっとも切り崩しやすいトルコ帝国への攻撃計画をたてた。すなわち、一つはインド人を主力部隊として、ペルシア湾からトルコ領イラクへ進撃する経路と、もう一つは英国がすでに保護国としていたエジプトのシナイ半島から、トルコ帝国領となっているパレスチナ地方のエルサレムへ進撃し、ベイルート、ダマスクス、アレッポを通って首都アンカラに向かうという作戦であった。

第一次世界大戦までのトルコ帝国領土は、バルカン半島の南部、現在のセルビア、アルバニア、ギリシア、ブルガリアの一部と、トルコ本国、イラク、クウェート、シリア、レバノン、パレスチナ、ヨルダン、アラビア半島のペルシア湾側と紅海側の緑の多い地域を領有していた。

このトルコ帝国にたいして、東側の国境からはロシア軍が侵攻し、インド兵を主体とする英軍は一九一五年までに、ペルシア湾からチグリス川とユーフラテス川を遡ってイラク地方の半分まで進撃していた。

一方、紅海側からは英軍がアカバ湾からエルサレムを狙い、地中海側からはフランス軍がベイルートに上陸をめざそうとしていた。

ところが、ロシア軍は国内での革命騒ぎのために一九一六年八月には、トルコ領内への進軍を停止してしまい、ロシアで革命が起こると逆にトルコ軍が攻勢に出て、ロシア軍をアルメニア地方へと押しもどす勢いをしめした。

さらにアカバ湾からパレスチナに上陸してエルサレムに進撃した英軍にたいしても、トルコ軍はガザ方面から英軍の後方にまわりこむかたちで英軍を脅かした。

そこでイギリスが考えたのが先ず、トルコ帝国の頸木《くびき》にあえいでいたアラブ人の利用であった。

すでに、トルコ帝国が領内のアラブ人を懐柔するために、「アナトリア・アラビスタン連邦構想」を提示してアラブ人に将来の自治をしめしたものに対抗して、イギリスはエジプト駐在のマクマホンに、ヒジャーズ地方のアラブ人首長であったハーシム家のフサインにたいして独立を暗示する提案をおこなわせ、アラブ人の協力を得ようとしていた。

一方、フサインもトルコからの独立をもとめた動きをはじめていた。

「ムハンマドの血筋を受け継ぐ高貴の人」を意味するシャリーフとして、アラビア半島・メッカの首長となっていたアリ・フサインは、欧州で大戦が始まると一九一四年十月から、カイロにいたイギリスの高等弁務官であるキッチナー、その後かわったマクマホンに密使を送り、対トルコ反乱軍を起こすかわりに、大戦後のアラブ王国独立を承認するようもとめ、その約束をとりつけた。

ちなみにシャリーフという言葉は、ムハンマドが出現する以前からアラブ社会では「高貴な血筋の人」という意味で使用され、そうした家系は少なからずあった。しかし、イスラム教の誕生以降は、もっぱら預言者ムハンマドの家族の子孫にもちいられるようになった。

さて、マクマホンからは五回にわたって、メッカの首長であるフサインに書簡が往復されているが、トルコ軍を排除した後にアラブ国家を独立させることを約束した「フサイン・マクマホン書簡（Husayn-MacMahon Correspondence）」は、一九一五年十月、カイロからのものであった。

マクマホンからフサイン宛書簡（一九一五年十月二十四日、カイロ）

私は、閣下（フサイン）がこの問題（独立）に緊急な重要性を持つものと考えられていることを了解した。それゆえ、私は直ちに閣下の書簡の内容を英国政府に通報した。私は、政府に代わって以下の声明を閣下にお伝えするものである。そして閣下がこれに満足の意を表されるであろうことを確信する。

わが同盟国フランスの利益（シリア地方）を阻害することなく、英国が行動の自由を持つこれらの境界内（パレスチナ、イラク全土、アラビア半島の一部）の地区について、私（マクマホン）は英国政府の名において、以下の保証をあたえ、かつ閣下（フサイン）の書簡に対し以下の返書を呈する権限をあたえられている。

一、英国は、メッカの宗教上の首長（フサイン）によって要求されている境界内のすべての地域におけるアラブ人の独立を承認し、支持する用意がある。

二、英国はあらゆる外国の侵略から聖域を保護し、その不可侵性を認めるであろう。

三、情勢が許せば、英国はアラブ人に対して助言をあたえ、これら各地域においても適当な形の政府を樹立するために、彼らを支援するであろう。

四、一方において、英国は、アラブ人が英国のみに助言と指導を仰ぐことを決定したことを了解し、適切な形の政府の形成に必要となるかも知れないヨーロッパ人の顧問及び官吏は、英国人が当たるであろうことを了解する。

五、バグダード州とバスラ州に関しては、アラブ人は、外国の侵略からこれら地域の安全を保証し、地域住民の福祉を促進し、われわれ相互の経済的利益を守るために、英国の既存の立場と利益は、特別な行政協定を必要としていることを認めるであろう。

マクマホンは、この書簡によって、アラブ人の独立を約束したが、同時に同盟国フランスの利益を認めさせ、二項では、イギリス自身が侵略者の一人であるにもかかわらず、あらゆる外国の侵略から地域をまもると述べ、さらに四項では、アラブ人国家が樹立された場合は、英国人のみが顧問と官吏に就任することを了解させるという抜け目のなさをつらぬいている。

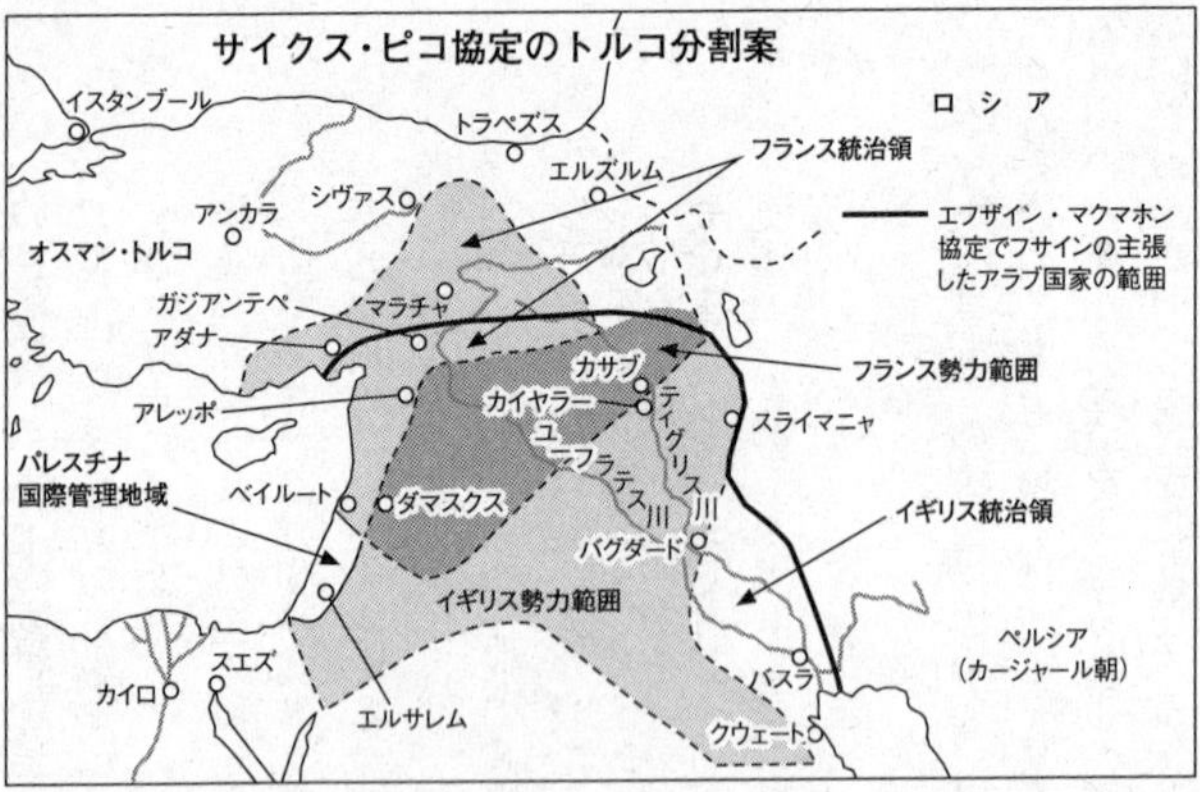

ともあれフサインはこの約束を得たことで、息子のファイサル一世とともにアラブ軍を組織して反乱を開始し、メッカからメディナをへてアカバにいたる各地でゲリラ活動をおこない、トルコ軍を攻撃した。

フサイン軍は、ちょうどこの時期アラビア半島で遺跡調査をすすめていた英国人諜報将校トーマス・ローレンス（Thomas Edward Lawrence）を作戦指導の将校として迎え入れ、各地でトルコ軍を破る活躍をはじめた。

この結果、一九一六年にはアラビア半島の紅海側地域を中心とした一帯に、英国の支持をうけて「ヒジャーズ王国」を建国し、ついで一九一八年にはダマスクスに入城を果たしたことで「シリア王国」の樹立を宣言した。

ただし、ヒジャーズ王国の領域はアラビア半島南部のごく一部であり、フサインとすれば、パレスチナ地方をふくむ全てと認識していたため、戦後になってシリア地方がフランスの委任統治領となり、パレスチナ地方もイギリスの委任統治領とされてしまったことに大きな不満をもった。

もっとも、マクマホンとの書簡には、明確な領域の記述はなかったから、マクマホンはフサインの追及をかわすことができた。

英国がフサインにシリア地方をあたえなかったわけは、第一次大戦中の一九一六年五月、すでに枢軸側の敗戦を予想してトルコ帝国領の分割を約す秘密条約「サイクス・ピコ協定」を、列強との間に結んでいたためである。

当然ながら「フサイン・マクマホン書簡」に違反する内容であったが、イギリスはアラブ人の意向を無視した。

この協定にはロシア帝国も参加していたが、ロシア革命後の一九一七年十一月に、革命政府はこの秘密条約を暴露したため、アラブ側に大きな衝撃をあたえた。

(4) アラブ人とユダヤ人をあざむいたバルフォア宣言

一方、イギリスとフランス、そしてロシアは、サイクス・ピコ協定を結んで、大戦後のトルコ帝国領の分割と勢力範囲をきめていたが、パレスチナ地域に関しては国際管理地域ときめていた。

さらに、英仏露三国によるトルコ分割と勢力範囲の策定にたいしてはイタリアも強く参加をもとめたため、四ヵ国による分割案に修正された。

第一次大戦は一九一七年二月にドイツが無制限潜水艦作戦を実施するにおよんで、イギリスは窮地におちいり、さらに財政的苦境にもたたされた。さいわいアメリカが英仏側にたって参戦したため、欧州戦線での窮境はすくわれたが、英国にとって財政的苦境は深刻化していた。

そこで、大戦を早く終わらせるため、金持ちのユダヤ人を利用することを考えついた。すなわち、イギリスはバルフォア外相をして英国に居住するユダヤ人協会会長であるロスチャイルド卿に財政的援助をもとめるとともに、代償としてパレスチナにおけるユダヤ人のナショナル・ホームの建設を、英国が好意的に見ている旨の書簡を発表した。いわゆる「バルフォア宣言（Balfour Declaration）」である。

一九一七年十一月二日に、バルフォア外相によってロンドンで発せられた宣言の内容は、以下の通りである。

バルフォア宣言（一九一七年十一月二日、ロンドン）〈抜粋〉

英国政府はパレスチナ地方内にユダヤ人の民族的郷土を設立することに賛成し、この目的の達成を容易ならしめるために、最善の努力を払うであろう。しかしながら、それは以下の点において明白な了解の上に立つことを条件としている。

即ち、パレスチナに現存する非ユダヤ人社会の市民的・宗教的権利、あるいは他の諸国におけるユダヤ人の享受する権利及び政治的地位を損なうようないかなることも、これを行なわないということである。

この宣言は、パレスチナに関しては、先の「サイクス・ピコ協定」や「フサイン・マクマホン書簡」に矛盾するものであり、アラブ側の希望はまったく無視されることとなった。

要するに、イギリスとしては世界一の大富豪であったユダヤ人組織の長であるロスチャイルドから、財政的援助を引き出して戦費にあてるため、ユダヤ人たちの間にナショナル・ホームをパレスチナに求めるシオニズム運動が起こっていたのを幸い、独立援助をもちかけたものである。

第一次世界大戦は一九一八年十一月に終了したが、パレスチナ地方はバルフォア宣言にもとづき、ユダヤ人国家の建設を英国が協力するかたちで英国の委任統治が開始され、アラブ人が帰属をねがっていたパレスチナ地方は彼らの手に渡らなかった。

これに対してフサインの次男であるアブドウラーは、一九一九年にシリアの独立宣言と同時に、彼を国王とするイラクの独立も宣言したが、一九二〇年四月にはイタリアのサン・レモで第一次大戦後の連合国会議がひらかれ、シリアとイラクの独立を否定し、フランスと英国の委任統治とすることを決定した。

また、ユダヤ人の国家建設を約束したバルフォア宣言も承認したため、アラブ人たちの反感をまねいたのもこの会議であった。

シリアとイラクから追われたアブドウラーは、一九二〇年十一月、アラビア半島南西部の

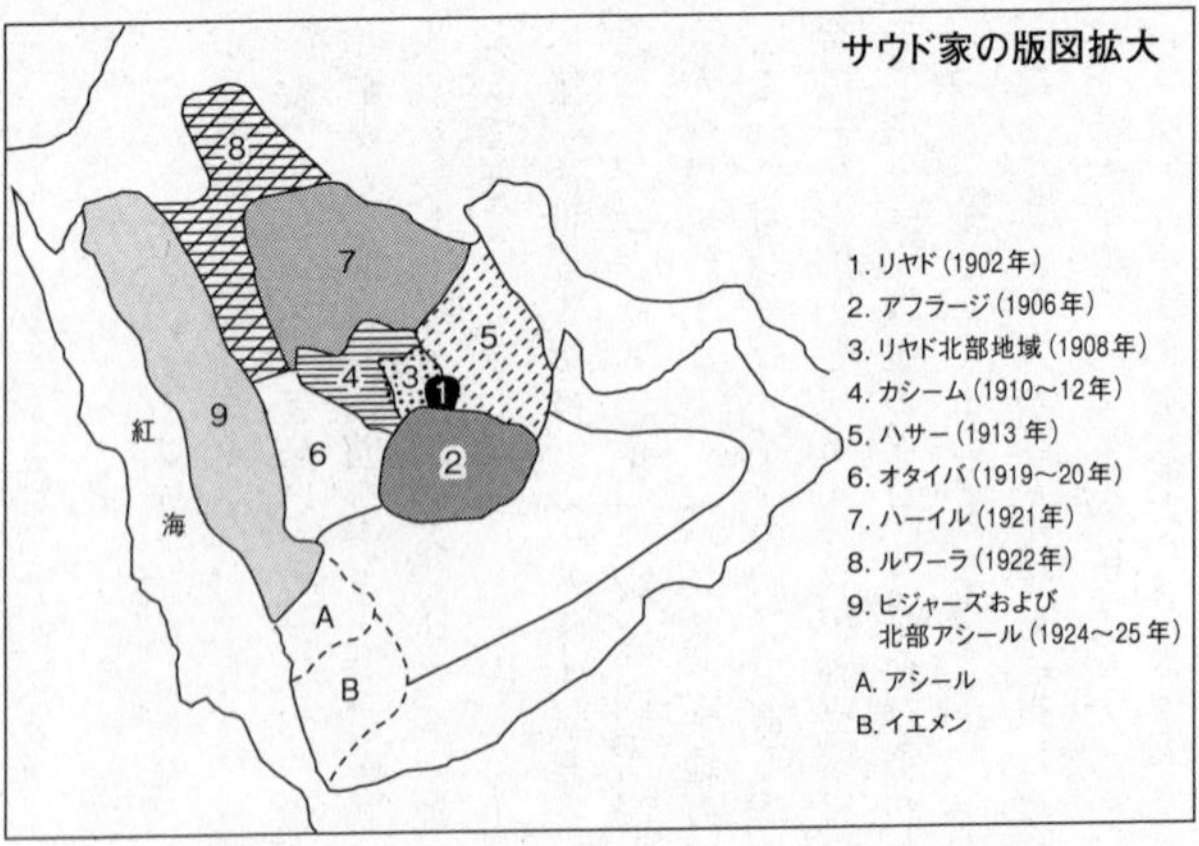

アラブ兵をひきいて、シリアを占領したフランス軍を攻撃する構えをみせた。これを見た英国は一九二一年に自国の委任統治領のうち、トランス・ヨルダン地方をあたえて懐柔した。これが現在のヨルダン・ハシミテ王国である。

一方、アラビア半島中部のナジュド地方には、一七四四年に大豪族のムハンマド・ブン・サウドとイスラム教ワッハーブ派の創始者であるワッハーブが提携して、サウド朝を創設していた。

このサウド朝は二回中断した後、一九〇二年にアブド・アル・アジーズ・イブン・サウドの手で復興され、リヤドを首都として王国の基礎をきずきつつあった。

イブン・サウドは、一九一三年にはペルシア湾岸まで勢力をのばし、トルコが敗戦で撤退すると、一九二二年までにシリア砂漠を越えてダマスクス地方までを領有し、ヒジャーズ王国の国境にせまった。

そして一九二四年には、ヒジャーズ王国の首都であるメッカに攻め入り、フサインを追放してヒジャーズ王国を滅ぼし、さらに北イエメン地方までも領有して、一九三二年にはサウド家のアラビアを意味する「サウディ・アラビア王国」をアラビア半島全域に建国した。

余談ながら、フサインはヒジャーズ王国の国王となったとき、イスラム社会の全権をにぎるとされる「カリフ」をとなえ、大戦後のセーブル条約（一九二〇年八月）では国際的にも王国が認められたが、アラビア半島一帯に散るイスラム教指導者たちとの間で孤立し、一九二四年にはサウド家のアブド・アル・アジーズ・イブン・サウドに首都のメッカを攻められ、アカバからキプロスに逃亡した。

国連によるパレスチナ分割案（1947年）

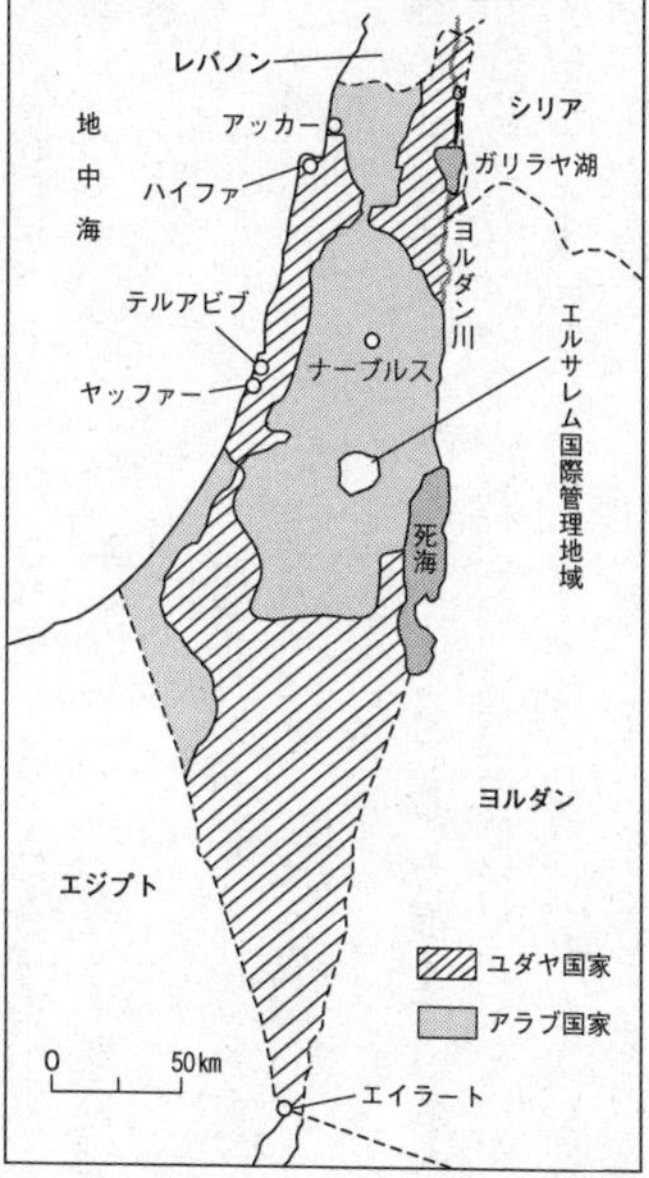

最後は息子アブドウラーが治めるヨルダン王国の首都アンマンで死去（一九三一年）し、エルサレムに埋葬された。

結局、第二次世界大戦が終了すると、一九四七年には国連によるパレスチナ分割決議が採択され、一九四八年にイギリスの委任統治が終了すると同時に、イスラエルの建国が宣言されたが、アラブ側はこれに反発して第一次中東戦争が勃発した。
そしてアラブ・イスラエル間の争いは、その後も中断をはさみつつ二十一世紀の現在もなお継続している。
一方、アラブ側もイギリスに騙《だま》されたが、それにはいくつかの原因というよりは、交渉人のフサイン側にいくつかの不備があったことは否めない。

(5) 英国民は他民族を騙したことをどう捉えているか

現在のイギリスの歴史教科書が、過去の植民地支配をいかに記述しているかというと、英国が植民地を支配したことによる利権の獲得はあったが、同時に現地では教育の普及、鉱山開発、鉄道敷設など、文明化の恩恵もあたえたことなどの説明も事例を挙げておこなっている。

しかしイギリス人が植民地でおこなった鉱山開発や鉄道の敷設は、あくまでも英国が現地住民を搾取するためのもので、現地住民の生活向上のためにおこなったものではない。もちろん、こうした社会資本は独立したあとで、現地住民の利益に供することはできたが、英国が支配者である間は一方的に搾取されつづけたのである。

また英国の教科書では、植民地で教育を普及させたとしているが、現地住民を支配管理する必要上、英語の初等教育をほどこしただけで、現地住民に自由・平等・民主・人権などの思想をおしえたわけでも、工業化に必要な技術教育の学校などを建設したわけでもない。

支配地の農場や鉱山などに駆り出された現地住民は、現代の言葉でいえば「きつい、汚い、危険」な労働を課されていたわけで、イギリス人以外の白人列強諸国も植民地をもった場合は、おおむね英国とおなじ対応をしていたことは諸資料で明らかである。

共通していることは、植民地経営にはつきものの非白人にたいする数々の非人道的行為についての記述はなく、もちろん反省や謝罪の言葉はない。

実際、イギリスやフランス、そしてスペインやオランダなどが植民地としていたアフリカ諸国をはじめ、東南アジア諸国、中近東諸国、そして中米・カリブ海諸国では二十一世紀の今日になっても、依然として発展途上国が多く、植民地帝国から近代化の恩恵をうけてきたとは思えない。

もっとも英国の歴史教科書には、被支配者側の民族自決や独立運動、それに対するイギリス側の圧政なども書かれてはいるが、文明化の恩恵をあたえたという記述の量と事例がほぼ同数であるから、読む者は英国は圧政をともなう植民地支配をしたけれども、同時に現地住民に文明の恩恵をあたえるような良いこともしたという印象となり、どちらかといえば、世界と人類にたいして貢献した度合いが高いという印象を持つことになる。

第一次世界大戦がはじまってドイツと開戦した英国は、インド人に英軍に参加してドイツと戦ってくれれば、戦後は自治・独立をあたえると約束し、一二〇万人ものインド人を従軍させ、欧州戦線やイラク戦線に駆り出すことに成功している。

だが戦後、独立はおろか自治さえも拒否し、アムリットサルでの反英デモに無差別銃撃をくわえて、押さえこむ卑劣な行為をしている。

この事件は一九一九年にインド・パンジャブ州アムリットサルで、インド人の自治を無視するローラット法が成立したことに対し、インド民衆が抗議集会をもったのに対して英軍が無差別発砲し、多数の死傷者を出した。

イギリスの歴史教科書は、ダイアー将軍によるアムリットサルでの大虐殺事件を記述してはいるが、ダイアー将軍の行為については是認している。

理由は暴動を起こしたのだから鎮圧するのは当然という考えで、実際、当時の英国人たちは将軍のために多額の寄付をしたほどであったと記述している。なぜ、インド人が暴動を起こしたのかという原因にはふれず、暴動そのものを悪とみて鎮圧を正当化している。

二十世紀に入ってからの歴史では、日本との関係も記述されているが、総じて少ないし、白人優位にたった歴史観で記述がなされている。

第二次世界大戦では、日本が東南アジアにあるイギリス植民地（インド、ビルマ、マレーシア、シンガポール、香港など）に侵攻したこと、植民地の人々はふたたび英国が戻ってくることを拒否して独立をめざしたことが書かれている。

英国は数世紀にわたって世界を支配してきたためか、イギリス人自身「加害者的立場」にたってきたことをよく認識していない。

そのため、ひとたび英国人が有色人種などから酷い扱いをうけると、たちまち人権をふりかざして大騒ぎをすることになる。

たとえば、一九四二年（昭和十七）七月から日本がイギリス人捕虜五万五千人と労務者三十万人以上をつかってタイ～ビルマ間の四一五キロに泰面鉄道を建設し、四三年十月に完成したが、英軍捕虜一万四千人と他の白人捕虜二千人が酷使と栄養失調などで死亡した。英国兵の遺族たちは、当時、捕虜となっていたアメリカ人やオランダ人、そしてオーストラリア人などとともに、日本政府を相手どって謝罪と補償をもとめて裁判を起こす有様である。

白人が過去五〇〇年間にわたって有色民族におこなった数々の虐殺や非人道的行為には目をつむり、白人が有色人種からうけた被害だけを針小棒大に訴えるなどは、加害者として振舞ってきた横暴さを全く反省していない証拠である。

第六章　尖閣諸島とガス田問題で日本を無視した中国

（1）突如として脚光をあびた尖閣諸島とガス田開発

尖閣《せんかく》諸島は、沖縄本島から西へ約四一〇キロメートル付近の東シナ海に点在する群島である。歴史的文献に最初にあらわれるのは一五四三年ころで、明《みん》朝の「冊封使《さくほうし》」が沖縄へおもむく途中に発見したと記されている。

一方、わが国の公式の地図に明記されたのは、明治十年代であったとされ、明治二十八年（一八九五）正式に沖縄県の所轄として国標を建設した。明くる明治二十九年には古賀長四郎氏によって尖閣諸島の開拓がはじまり、水産物の加工施設、果樹園などを経営し、最盛期には八十五人ほどの労働者が居住していた。

第二次大戦後は、沖縄とおなじくアメリカの施政権下に置かれた。その間、沖縄米軍は尖閣諸島の久場島《くばじま》および大正島《たいしょうじま》に射撃場を設置し、演習をくりかえしていた。

一九七一年（昭和四十六）に「沖縄返還協定」にもとづき尖閣諸島をふくむ沖縄全域が、

わが国に返還された後もしばらく、これらの射撃場は日米安保条約による施設・区域として在日米軍に提供されていた。

一方、一九六八年の秋、日本、アメリカ、韓国、中華民国（台湾）の海洋専門家が中心となって、国連アジア極東経済委員会が設立した「アジア沿海地域鉱物資源共同探査調整委員会」による東シナ海一帯の海底調査が実施された。

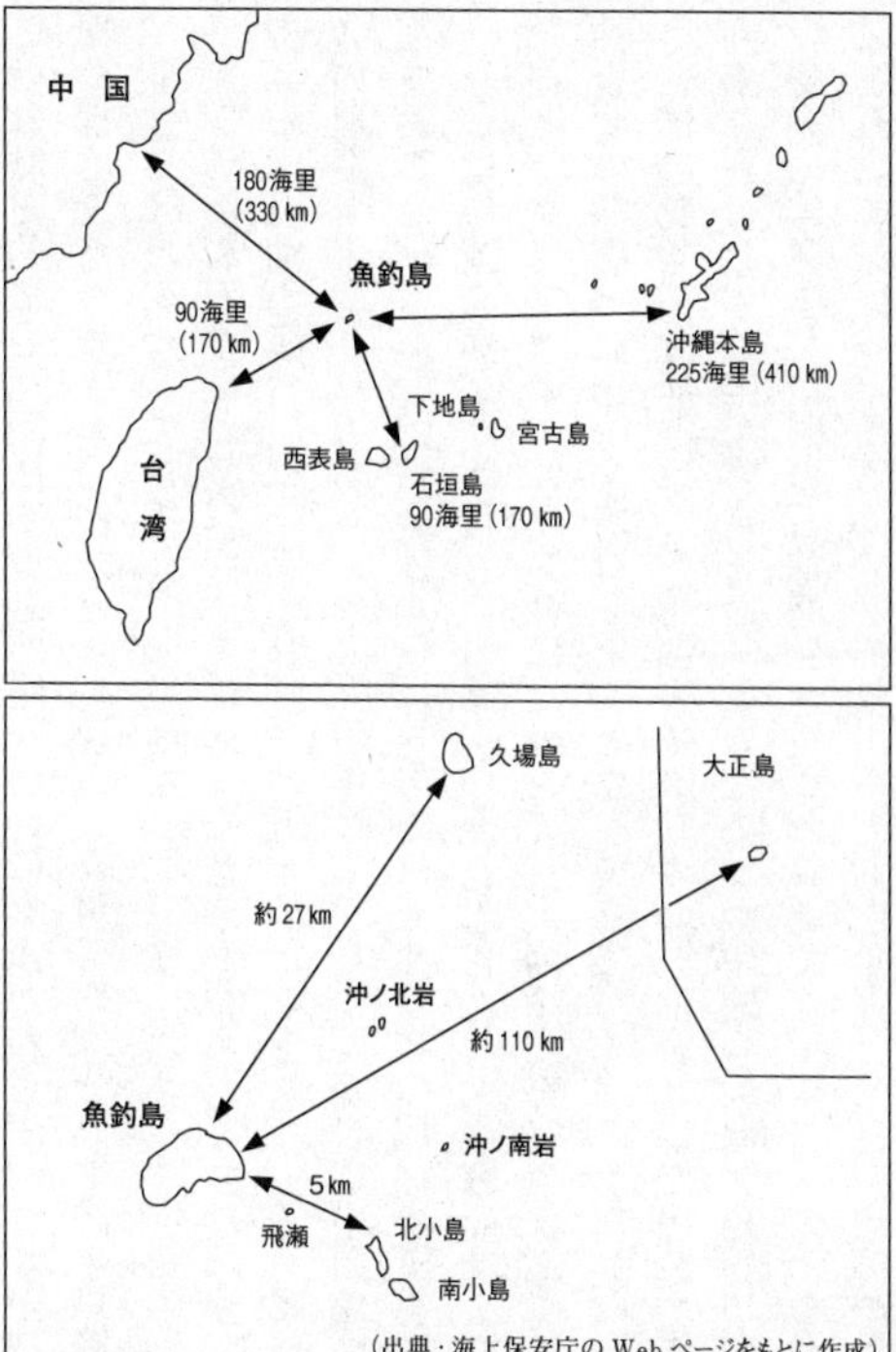

（出典：海上保安庁の Web ページをもとに作成）

この調査で、東シナ海の大陸棚、とくに尖閣諸島周辺海域に石油や天然ガス資源が埋蔵されている可能性のあることが指摘された。

石油・天然ガス資源の埋蔵が明らかとなると、日本に尖閣諸島の領有権があることは歴史的にも国際法的にも問題がないにもかかわらず、これが契機となって、これまで全く関心をもたなかった中国と中華民国（台湾）が、一九七〇年以降、尖閣諸島の領有権を主張するようになった。

東シナ海の石油埋蔵量については確実な数字が得られていないが、一九七七年のＣＩＡ報告「中国石油生産の展望」によれば、約五十億トンとしている。また、石油とは別に天然ガスの埋蔵も確認されており、一九九〇年代末から中国が日中中間線のすぐそばでガス田の掘削をおこない、二〇〇六年末からは一方的に天然ガスの採掘操業を開始している。

じつは尖閣諸島が問題化したのは、一九七〇年七月に中華民国（台湾）政府が同国の石油公司とパシフィック・ガルフ社にたいして、尖閣諸島を完全にふくむ台湾の東北海域での石油資源の探査・試掘権を許可したことからである。

台湾の動きに触発されて、韓国もアメリカの石油企業にたいして東シナ海の東北部海域の利権を許可し、鉱区を設定した。このため、わが国も尖閣諸島周辺海域をふくむ東シナ海の、大陸棚の鉱区をわが国の石油開発企業にわりあてた。

これらの鉱区は重なる部分があり、一九七〇年九月二日、台湾の水産試験所の船舶が魚釣《うおつり》島《じま》に上陸し、中華民国（台湾）の国旗を掲揚したが、当時の琉球政府によって撤去される事件が起こった。

そして九月四日、中華民国政府の外交部長（外務大臣に相当）が「釣魚台群島（尖閣諸島）の五つの島は中華民国に帰属する」とし、初めて領有権を主張した。

ただし、日本、韓国、台湾三国は領土問題を切りはなし、あくまでも資源開発という純経済的観点から、東シナ海の大陸棚資源を共同開発することで合意がなされた。

これに対し、こんどは中華人民共和国が一九七一年十二月三十日になって、公式に政府声明を発して尖閣諸島の中国領有を宣言したが、それは日米が沖縄返還協定に調印した後であった。

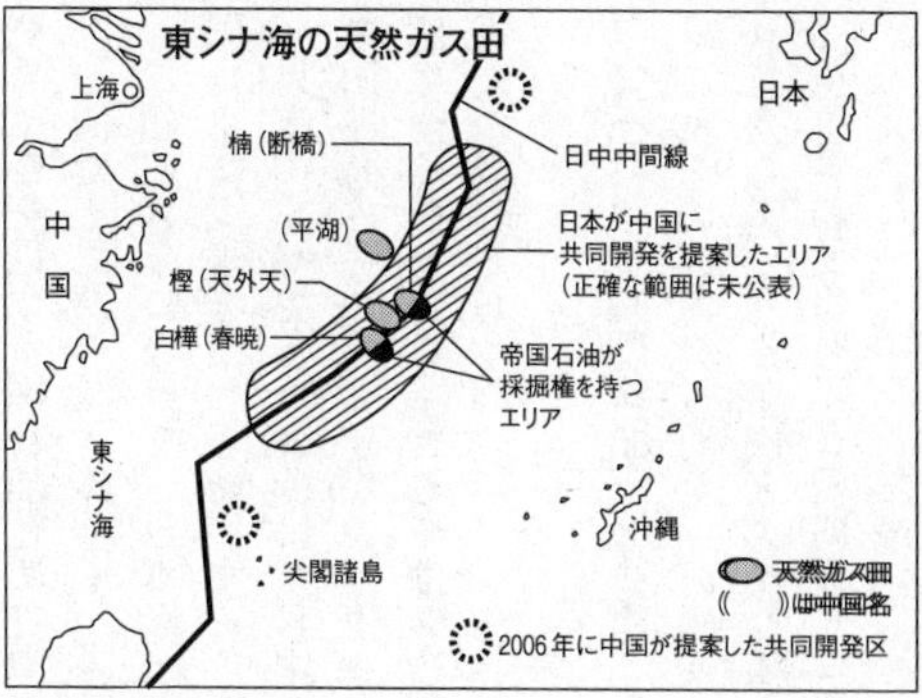

中国は声明のなかで、日米両政府が沖縄返還協定のなかに尖閣諸島をふくめたことに対し、「これは中国の領土主権にたいするあからさまな侵犯である」と強硬に非難した。

尖閣諸島の問題が解決していない段階の一九九〇年代中葉になると、こんどは、中国は日中両国の経済水域の中間点となる日中中間線のすぐ傍の中国側の数ヵ所に、ガス田掘削のためのリグを建設しはじめ、二〇〇六年末には、そのうちの一つで生産を開始した。

驚いた日本は再三にわたって中国側に掘削の中止を申し入れてきたが、中国は馬耳東風の態度で日本の申し入れを無視して、掘削設備の建設を強行しつづけた。

日本の申し入れを無視しつづける中国の態度に、日本側もやむを得ず帝国石油社に日中中間線付近に日本が保有する開発権利を行使するために鉱区をあたえた。

二〇〇六年になって、日本が中間線の日本側海域に掘削のための調査船を派遣すると、中国は軍艦五隻を出して妨害する行為に出てきた。

以上、述べてきたように、日中の間には尖閣諸島の領有権問題と、日中中間線におけるガス田開発の二つの問題が急浮上してきたのである。日中が国交を回復するまでは、二つの問題は全くなく、日本としては突然脚光をあびた外交事案に驚きと戸惑いを隠せなかったほど、青天の霹靂であった。

(2) 日中共同声明に違反する中国

これらの問題のうち第一の尖閣諸島の領有権問題は、一九七二年(昭和四十七)九月二十八日から開始した中国との国交樹立交渉の過程で争点となったが、田中角栄首相(当時)と周恩来首相(当時)との間で、これに触れないとする暗黙の了解があった。

日本国政府と中華人民共和国政府の共同声明(一九七二年九月二十九日、北京)〈抜粋〉
「両国民の願望」　日中両国は、一衣帯水の間にある隣国であり、長い伝統的友好の歴史を有する。両国国民は、両国間にこれまで存在していた不正常な状態に終止符を打つことを切望している。戦争状態の終結と日中国交の正常化という両国国民の願望の実現は、両国関係の歴史に新たな一頁を開くことになろう。
「戦争の反省・復交三原則」　日本側は、過去において日本国が戦争を通じて中国国民に重大な損害を与えたことについての責任を痛感し、深く反省する。また、日本側は、中華人民共和国政府が提起した復交三原則を十分理解する立場に立って、国交正常化の実現をはかるという見解を再確認する。中国側は、これを歓迎するものである。
「正常化の意義」五「賠償」　中華人民共和国政府は、中日両国民の友好のために、日本国に対する戦争賠償の請求を放棄することを宣言する。

日中共同声明で重要なことは、「戦争の反省」の項で、日本は中国にたいして深く反省すると謝罪していることである。

田中首相のみならず、その後の歴代首相は中国を訪問するたびに、かならず過去の戦争の謝罪をまず述べてきたことは周知の通りであるが、二十一世紀の現在においても、中国人が日本は謝罪をしていないと批判するのは、中国政府が日中共同声明の内容を人民に知らせていないからである。

また正常化の意義の五項「賠償」で、中国が日本にたいする戦争賠償を放棄するという箇所も、中国人民は知らされていない。

そのために、従軍慰安婦問題や強制労働問題が噴出するたびに、日本政府を裁判に訴える者があとを絶たないが、中国政府はこれを黙視している。むしろ、けしかけている感がある。

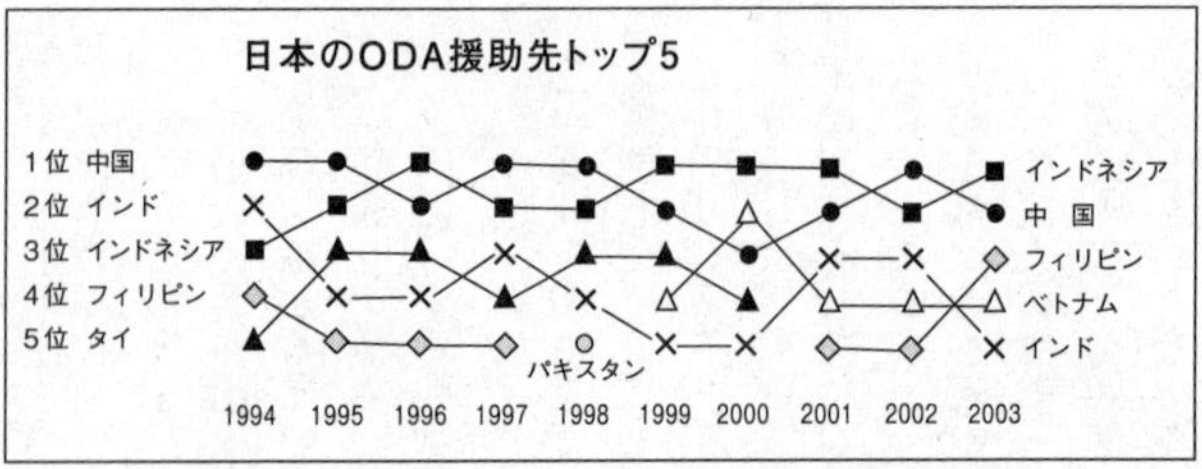

なにゆえ中国が対日戦争賠償を放棄したのかといえば、日本が満州国をはじめ中国各地に建設した社会的インフラ（道路、鉄道、橋、学校、病院、建物など）と、投資した各種産業施設は莫大な金額であり中国が戦争賠償を日本にもとめた場合、日本はこれらの投資した金額、おそらくは数百兆円にのぼる額を請求することになるので、中国側とすれば双方の損害を相殺する方がはるかに有利だったからである。

だが中国政府は、そうした事情を人民に一切説明していない。

中国政府はそれだけでなく、日本が一九七八年以降、毎年二千億円にのぼる経済・技術援助や中国人研修生の受け入れといった、中国支援のための措置をいっさい人民に知らせてきていないため、日本のＯＤＡ（政府開発援助）により中国国内の鉄道、工場、地下鉄、空港、港湾、ダム、発電所などの建設に日本企業が従事していることに対して、中国人民は日本が経済建設で利益を得ていると誤解し、新たな帝国主義的進出として非難するありさまで、日本にたいして感謝などする気持ちは毛頭持ち合わせていない。

同じことは韓国においても起きていた。

すなわち、一九六五年（昭和四十）に「日韓基本条約」が締結されたさいに、韓国政府は植民地時代にこうむった韓国の「国」と、「国民」にたいする損害賠償の対日請求権を一切放棄するとうたい、日本はかわりに五億ドルを援助すると約束していたが、韓国政府は金泳三政権時代まで、国民には一切秘匿していた。

このため、韓国人は植民地時代に強制労働や従軍慰安婦、徴兵や戦場あるいは原爆投下による被害などを、日本はなにも補償していないと、日本政府や企業を訴えつづけてきた。だが、盧武鉉《ノムヒョン》政権になってから初めて四十年前の日韓条約の内容を国民に明らかにした（二〇〇五年）ため、韓国人は一様にショックを受けた。

日韓条約締結時の朴正熙《ぼくせいき》政権は条約締結にあたって、日本が朝鮮半島に投資した莫大なインフラを返還要求した場合、韓国の日本に請求する金額をはるかに上まわるため、対日請求権を放棄したのである。

したがって日本が韓国に支払った五億ドルは、韓国民にたいして補償されるべきものであったが、朴大統領は経済建設が先として、国民への補償金を産業施設建設へと振りむけ、結果として韓国経済は飛躍的に発展した。

中国人民が事あるごとに反日的態度に出るのは、一九七二年の日中共同声明の内容を中国政府から知らされていないからである。その意味では、国内政策の失敗を日本の責任になすりつける手法をとりつづけている中国は卑怯・卑劣な国家であり、日中共同声明に違反している国家である。

中国政府が人民にたいして、素直に日本の親切心からの援助を感謝する気持ちを表明できないのは、建国いらい日本を帝国主義者あつかいし反日教育を徹底してきているため、共産党政府の都合で日本との国交を回復した事情を説明できない弱みがあるからだ。

その事情の一つは、ソ連との核戦争の危機を回避するために、中国単独では危険なため日米と国交を回復して孤立化を避けざるを得なかったこと。

もう一つは毛沢東政権による国内経済政策の失敗で六千万人もの餓死者が出ており、経済立て直しのためには豊かな資本主義国の日本から、多額の投資をうける必要があったことである。

だが、これらの事情を人民に説明すれば、共産党政府のとってきた反日政策が嘘でかためられたものであることを知られてしまい、結果として政権崩壊の危機をまねくために、さらなる嘘をつみあげる必要があったからである。

日中国交回復についても、日本から求めてきたために、中国が受け入れてやったという報道を人民におこなっている。

一九九〇年代初頭、江沢民《こうたくみん》国家主席が日本を訪問したさい、日本は中国の工場から排出される二酸化炭素をおさえるために、一基十四億円もする「脱硫装置」を一千基も贈与したが、江沢民は「評価する」と述べて日本側をあきれさせたが、国内人民に向けた発言だから、江沢民としては素直に感謝を表明できなかったのである。

(3) 日中平和友好条約締結時の鄧小平との約束

さて、話を尖閣諸島にもどすが、一九七二年いらいしばらく中国はこの島の領有権問題について鳴りをひそめていたが、こんどは日中平和友好条約の締結が四ヵ月後にせまっていた一九七八年（昭和五十三）四月十二日、突然一四〇隻の中国漁船を魚釣島の領海内に侵入させて操業を強行した。

日本側は驚くとともに強硬に抗議を申し入れたが、数日後に中国漁船団はひきあげ、中国政府はこのような侵犯は二度と起こさないと釈明したため、友好条約の条文作成は進展した。

この結果、一九七八年八月十二日、「日中平和友好条約」が北京で調印された。

日本国と中華人民共和国との間の平和友好条約（一九七八年八月十二日、北京）〈抜粋〉

第一条「平和五原則及び紛争の平和的解決」

一、両締約国は、主権及び領土保全の相互尊重、相互不可侵、内政に対する相互不干渉、平等及び互恵並びに平和共存の諸原則の基礎の上に、両国間の恒久的な平和友好関係を発展させるものとする。

二、両締約国は、前記の諸原則及び国際連合憲章の原則に基づき、相互の関係において、全ての紛争を平和的手段により解決し、及び武力による威嚇に訴えないことを確認する。

第二条「覇権追求の否定」

両締約国は、そのいずれも、アジア・太平洋地域においても覇権を求めるべきではなく、このような覇権を確立しようとする他のいかなる国又は国の集団による試みにも反対することを表明する。

第三条「経済・文化関係の発展と交流」

両締約国は、善隣友好の精神に基づき、かつ、平等及び互恵並びに内政に対する相互不干渉の原則に従い、両国間の経済関係及び文化関係の一層の発展並びに両国民の交流の促進のために努力する。

日中平和友好条約の第一条では、条約の基本原則をうたっているが、日本の主権や領土尊重にかんして、中国は尖閣諸島の領有を宣言するなどして条約の一条一項に違反し、日中中間線のガス田開発や、その付近で日本側が調査を始めようとすると軍艦を出して威嚇する行為は、明らかに第一条二項に抵触している。

もちろん、日本領海を中国原潜が無断で航行したことも、二〇〇五年度だけでも中国機が日本の領空を一〇七回も侵犯し、航空自衛隊のスクランブル発進を受けていることも一条二項に違反をしている。

第二条の覇権反対の条文も、十九年連続で国防費の二ケタ増をつづける中国は、覇権を求めているとしか解釈できず、明白な違反である。

第三条では内政不干渉を強調しているが、日本が中国の内政にこれまで一切干渉したことがないにもかかわらず、中国は靖国問題や教科書問題、従軍慰安婦問題、はては政治家の失言にたいしても強硬な干渉をしてくるが、あからさまな条約違反である。

一九七八年十月、平和友好条約批准のために鄧小平《とうしょうへい》が来日したが、尖閣諸島の領有権争い問題は、「今すぐ解決するのではなく、子々孫々の代になって解決すればよいことで、この問題を棚上げする」ことを提案してきた。

日本としては、せっかく平和友好条約まで締結したばかりなのに、尖閣諸島の領有権問題で友好関係をそこないたくないとの思惑から、棚上げ論に同意した。

ところが、一九九〇年に鄧小平が引退し、あらたに江沢民が総書記に就任すると、一九九二年二月十五日、突然「中華人民共和国領海及び接続水域に関する法律」を制定した。いわゆる「領海法」である。

この領海法によれば、「中国大陸および沿海諸島、台湾および釣魚島《ちょうぎょとう》（尖閣諸島の魚釣島をふくむ九つの付属島嶼）、澎湖列島、東沙群島、西沙群島、南沙群島、その他の中国に属する島嶼が含まれる」とし、各島嶼の名称を明記してその範囲を明確にしている。

なんとも卑怯・卑劣、かつ呆れた民族である。

さらに、同法十四条において、領海および接続水域に許可なく侵入してくる外国軍艦を実力行使によって排除し追跡する権限を、中国軍当局に付与したとしている。

これは中国の領海法の目的が、単に尖閣諸島や南シナ海の島嶼の名前を明記することにあるだけでなく、中国が大陸周辺海域と島嶼および、そこに存在する水産資源・鉱物エネルギー資源の獲得および防衛に並々ならぬ決意を表明したことを意味している。

この中国の領海法制定にたいし、わが国は中国と事を荒立てたくないため、口頭で抗議をしただけであった。中国は鄧小平の日本との約束を破ったのである。なぜ、日本政府は抗議のみならず、外交問題の最重要議題として取り上げなかったのか。

日本の配慮などまったく意に介さない国を相手とする場合は、遺憾ではあるが外交関係断絶も視野に入れた姿勢で交渉にのぞまなければ、つぎつぎと貴重な土地や財産を奪われてしまうことになる。

日本が抗議だけをして何ら外交的動きをしなかったために、中国や台湾側に日本は尖閣諸島の領有をあきらめたと誤認させるあやまったメッセージを与えている。

事実、一九九四年以降、中国の調査船や観測船が、我が国の奄美大島から尖閣諸島にかけて頻繁に出没して調査活動を開始したのである。

奄美大島から沖縄・久米島・宮古島・石垣島・与那国島と南下したあと一転して西方の魚釣島にいたる海域は日本の領海であり、かつ経済水域である。領海は沿岸から十二カイリ沖合いまでであり、経済水域は十二カイリからさらに沖合い一八八カイリまでがわが国の管轄圏内に入る。

一九九四年いらい、中国の調査船や観測船は、わが国の領海や経済水域内に堂々と入って活動をくりかえし、海上保安庁による再三の警告を無視してきている。

ちなみに「海上保安白書二〇〇五」によれば、中国観測船による日本周辺での海洋調査活動は、二〇〇〇年前後から頻発し、以下にしめす件数が確認されている。

年度	確認件数
一九九九	十七
二〇〇〇	二十四
二〇〇一	十三
二〇〇二	十二
二〇〇三	十一
二〇〇四	十四

このほかに、中国漁民による日本の領海および排他的経済水域（ＥＥＺ）内における不法操業もはなはだしく、二〇〇四年度で日本領海内三九〇件、日本のＥＥＺ内で一万六三三五件が確認されており、韓国漁船が日本領海やＥＥＺをおかす件数にくらべると、領海侵犯が十四倍、ＥＥＺ侵犯が五倍というとてつもない数字である。

国際法では、他国の領海に入る場合には事前に当該国の許可が必要であり、ＥＥＺ内で調査活動や操業をする場合にも事前許可が必要であるが、中国船は完全に無視をしている。日本の調査船が中国の領海や経済水域に入って、調査活動など一度もしたことがないにもかかわらず、中国の場合には調査船のみならず、大量の漁船が無許可で日本の経済水域に入って操業をくりかえしている。

中国漁船は二〇〇〇年ころまでは、日本のＥＥＺのうち東シナ海方面での操業であったが、二〇〇二年以降は沖縄列島を越えた太平洋側の日本のＥＥＺ内での活動が目立っている。また、船舶には「無害通航権」が認められているために、他国の経済水域内を単に航行するだけなら問題ないが、水域内で停船することは禁止されている。停船することは水産物を獲るための操業か、海洋や海底の調査や海底資源探査と見られるからである。

中国船舶の領海侵犯や経済水域内での違法操業にたいして、日本は海上保安庁が警戒監視をおこなっているが、拿捕などの強制措置をとっていない。

海上自衛隊には領海警備の任務をあたえられてはいても、拿捕などの国際法上の権利を行使させていないし、まして排除のための戦闘行動といった防衛出動を認めていない。

（4）尖閣諸島は歴史的に一貫して日本固有の領土である

中国船は、わが国の領海内や経済水域内で違法の調査や探査活動をつづけてきたが、日本政府はつねに抗議だけで、実力による排除はしてこなかった。


業をにやした日本の政治結社が、尖閣諸島が日本領であることを示すために、一九九六年七月に尖閣諸島内の一つである北小島に上陸して灯台を建設、航路標識として海上保安庁に許可を申請した。

驚いたことに、海上保安庁がこの標識を認めたことについて、中国と台湾が激しい抗議をし、香港や台湾の活動家が多数、尖閣諸島に近づいて領海侵犯行為をくりかえした。

一九九六年九月には、中国の貨物船「保釣号」に香港の活動家や報道関係者など四十人が乗船して、尖閣諸島内の魚釣島に上陸をこころみたが、海上保安庁の巡視船にはばまれて断念した。しかし、その直後に四人の活動家が海中に飛びこんで泳いで島に上陸しようとしたが、そのうちの一人が水死する事態が発生した。

さらに一ヵ月後の十月には、香港、マカオ、台湾の抗議団体の四人が魚釣島に上陸し、中国と台湾の国旗をかかげる事態も生起した。

こうした抗議におどろいた日本政府は、中国との平和友好のためにとして、灯台設置の許可を保留すると発表したため、事態はようやく沈静化した。

日本政府の弱腰はその後もつづき、一九九七年五月にわが国の国民に問題提起をするため、西村慎吾衆議院議員（当時）が尖閣諸島を視察したが、この行動にたいして日本政府は遺憾の意を表明して中国におもねる態度を示した。

中国はただちに日本政府にたいし、「近隣諸国の感情を害するとし、国家としての主張を避けている。主権国家としての対応をしていない」と厳しく批判した。

だが、呆れたことに一九九八年から、中国はその後も調査船を尖閣諸島をふくむ東シナ海の資源探査活動に、何度も日本領海やＥＥＺ（経済水域）を侵犯したばかりでなく、大型石油リグ（掘削装置）による天然ガス探査と試掘作業を開始した。

そして同時に一九九五年五月以降、中国艦艇をしばしば遊弋させはじめ、国際法違反の「領海法」の実施にうつっている。

尖閣諸島がわが国固有の領土であることは、以下の事由によっても明らかであり、日本政府の見解も首尾一貫している。

尖閣諸島は一八八四年（明治十七）以降、わが国政府が沖縄県当局を通して再三にわたり現地調査をおこなった結果、この諸島が無人島であるのみならず、清国の支配がおよんでいる痕跡がまったくないことを慎重に確認したうえで、一八九五年一月十四日に現地に標杭を建設するむねの閣議決定をして、正式にわが国領土に編入することとしたものである。

以来、尖閣諸島は歴史的に一貫してわが国固有の領土として南西諸島の一部を構成してきたし、一八九五年から一九七〇年七月までどこの国からも領有権を主張されたことはなかった。

つまり七十五年間というもの、日本が実効支配してきている島である。一八九四年に日清戦争が勃発し、勝利をおさめた日本は一八九五年に清国と下関条約を結んだが、このとき同条約第二条にもとづいて清国より割譲をうけた台湾や澎湖諸島に、尖閣諸島はふくまれていない。

したがって、第二次大戦後のサンフランシスコ講和条約においても、尖閣諸島は同条約第二条にもとづいて、わが国が放棄した領土のうちにはふくまれず、第三条にもとづき南西諸島の一部としてアメリカ合衆国の施政権下におかれ、一九七一年六月十七日に米国との間で締結された「琉球諸島及び大東諸島に関する日本国とアメリカ合衆国との間の協定」により、尖閣諸島もわが国に施政権が返還された地域のなかにふくまれている。

以上の事実は、わが国の領土としての尖閣諸島の地位を明確に示すものである。

しかもサンフランシスコ講和条約第三条にもとづいて、米国の施政権下におかれた日本の地域に尖閣諸島がふくまれていた事実にたいし、中国はなんら異議をとなえなかったことからも、中国が尖閣諸島を台湾の一部であると考えていなかったことは明らかである。

もしも尖閣諸島が中国の領土であると認識していたならば、国民党政府の中華民国も共産党の中華人民共和国も、日本の敗戦と同時に占領したアメリカに返還を要求すべきであるが、要求をしなかった。

中国や台湾が自国領土と主張しはじめたのは、一九六八年（昭和四十三）以降の国連アジア経済委員会の調査による石油資源の発見以降である。それも一九七一年六月にアメリカが沖縄諸島を日本に返還した六ヵ月以上も後のことであった。

(5) 中間線問題が未解決にもかかわらずガス田を開発する中国

尖閣諸島の領有を勝手に主張した中国は、一九九〇年代の中葉から、こんどは日本には無断で日中中間線の付近にガス田開発のための掘削リグを数ヵ所設置し、二〇〇六年末には日本に無断で生産を開始している。

中国が設置をした掘削設備は、明らかに日本の経済水域の海底下に埋蔵されている天然ガスや石油を吸いあげる位置にある。

日中中間線は、もともと国連海洋法条約で認められた沿岸国から二〇〇カイリ沖合いまでを経済水域とするもので、中国側沿岸と日本の沖縄列島沿岸からちょうど半分の距離にあたる地点である。したがって、中国が中間線のすぐ傍の中国側に何らかの設備を設置することは、本来違反ではない。

しかしながら、中国がたとえ中間線の自国側に掘削パイプを設置しても、海底下においては石油や天然ガスの鉱床はつながっている可能性がきわめて大きいから、日本の資源を無断で吸いあげていることになる。

当然ながら日本は、中国に再三、開発の中止と話し合い、そして中間線付近の海底地形図の情報公開をもとめたが、中国側はこれを無視して開発を続行してきた。

常識からすれば、こうした海域で地下資源を掘削する場合には、中間線を共有する日本側の許可なり了解をうる必要があるし、日本は再三にわたって開発を中止して話し合いをするよう提案しているが、中国は聞く耳をもたないようである。

それどころか、二〇〇六年三月には中国は日本にたいし、日本の領海内にある尖閣諸島付近を日中共同で開発しようとする図々しい提案をして、日本側を呆れさせている。

中国は口をひらけば、平和・友好をつねに呪文のようにとなえるが、その態度は完全に日本をなめきった非平和・非友好的態度に終始している。これでは、平和・友好をうたった日中共同声明や、日中平和友好条約を締結した意味がない。

中国が中間線のガス田開発を強引にすすめたり、日本の領土である尖閣諸島を中国のものだと横槍を入れる根拠はどこにあるかというと、それは大陸棚の存在であるが、両国の大陸棚にたいする認識が異なるためである。

一九五八年（昭和三十三）の「大陸棚に関するジュネーブ条約」によれば、経済水域の境界線の画定は、①関係国の合意、②合意が成立しない場合は等距離原則の適用、とされている。

ところが、一九八二年の国連海洋法条約では、あらたに「大陸棚自然延長論」も採用され、沿岸から二〇〇カイリ先のみならず、大陸棚がさらに沖合いにつづいている場合には、経済

1992年に主張しはじめた中国の領有権

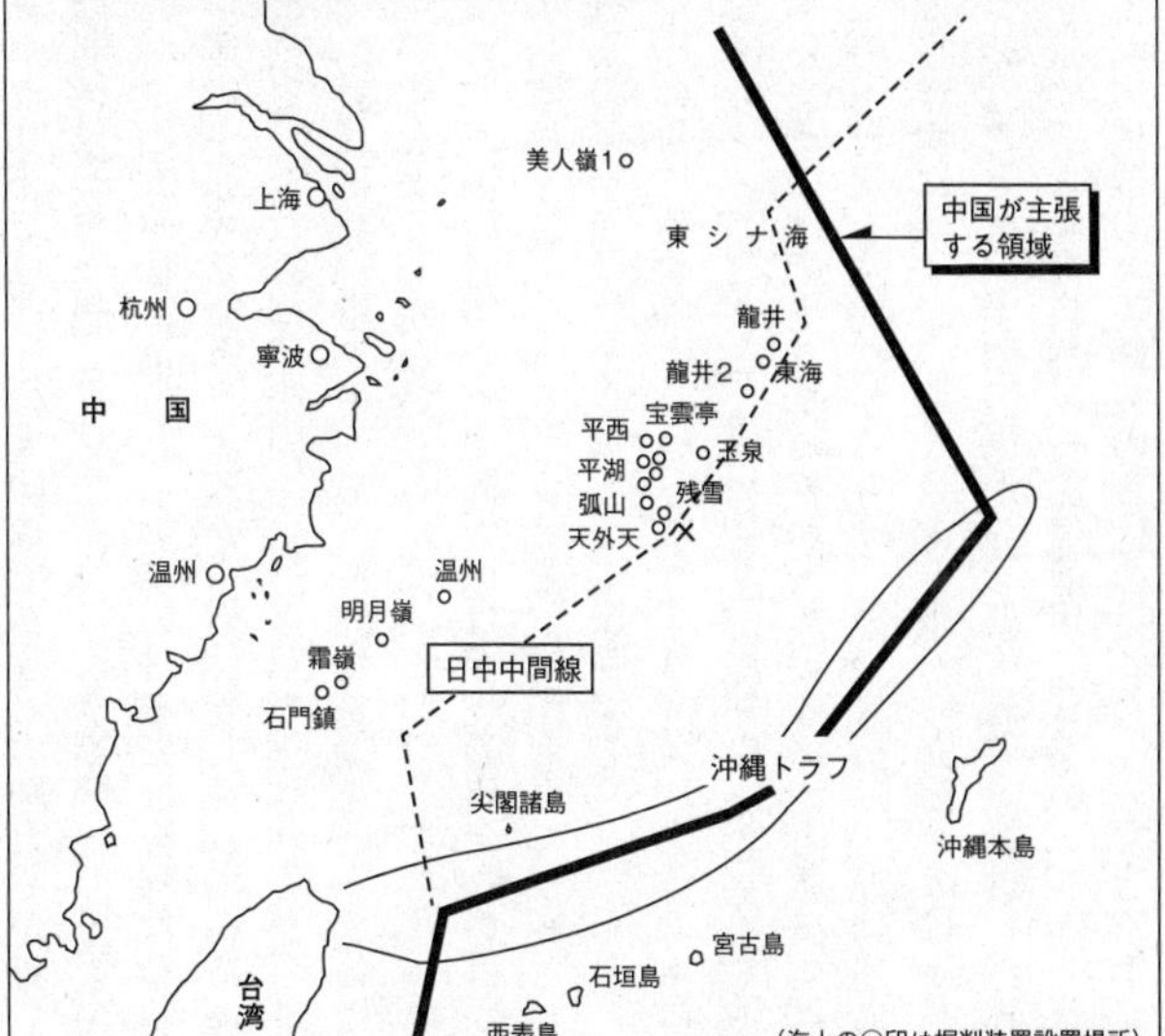

(海上の○印は掘削装置設置場所)

水域の幅を延長してもよいことになった。ただし、障害となるような他国の領海や経済水域などがない場合という条件がついている。

中国政府の見解は大陸棚自然延長論を採用し、東シナ海の大陸棚は中国大陸の沿岸からゆるやかに傾斜して、沖縄列島の手前で二千メートルの深さに落ちこむ「沖縄トラフ」までとしている。

この沖縄トラフは沖縄列島にほぼ平行に走っており、長さ千キロメートル、幅一五〇キロメートル、深さ二千メートルである。

そこで中国は、中国大陸から

沖縄トラフまでは一つの大陸棚であり、中国大陸が自然に張り出して形成されたものとする「大陸棚自然延長論」をとり、東シナ海全体にたいする権利を主張している。当然のことながら、この大陸棚に位置していない日本には権利はないものと主張をしている。

中国の主張するように大陸から自然延長されている海域に、日本の領土である尖閣諸島や沖縄列島がなければ、中国の主張は正当化されるが、この大陸棚の海域には日本領土の沖縄もあれば尖閣諸島もあるから、自然延長論をとることはできず、当然ながら従来どおり日中の中間線をとるしかない。

こうした国際常識が、中国人には全く通用しないばかりか、日本が正当の権利として中間線の日本側を調査しようとすると、中国海域の侵犯として大騒ぎをするありさまで、人民には日本の侵略がはじまったとして煽動する。

中国の自然延長論にたいして日本は、琉球大学の木村政昭教授が実施した沖縄トラフの地質調査から、「日本と中国は同じ大陸棚の上に位置しており、東シナ海の大陸棚は中国が主張するように沖縄トラフで終わっていない」と結論づけている説をとっている。

この木村説を証拠だてるもう一つの根拠は、沖縄列島のすぐ東から南に位置する南西諸島の太平洋側には、深さ八千メートルもの海溝が縦に走っていることである。

ということは、中国沿岸から傾斜する大陸棚は、沖縄列島全体をもって終わるため、中国が主張する大陸棚自然延長論は適用できない。

また、地球の地殻構造の変化を見ても、一〇〇万年前の地殻構造は、日本海も東シナ海も、そして南シナ海もなく、樺太から日本列島・沖縄・台湾、そしてフィリピン群島・カリマンタン島（旧ボルネオ）までは一つの大陸となっていたことが判明している。

その後、四十万年前には日本海・東シナ海・南シナ海などの広大な面積が沈下したために、浅い湖を形成し、さらに二十万年前に日本列島からフィリピン群島までを残して、周辺の地域が沈下したために太平洋の海水が入り、ほぼ現在の日本海・東シナ海、そして南シナ海などが形成されている。

したがって、中国が主張するように、中国沿岸からの大陸棚が沖縄トラフで終わっているという説は論理に合わないし、逆に大陸棚が日本列島や沖縄列島までということが地質学上で証明されるため、春秋の筆法をもってすれば、中国大陸全体が日本の所有ともなり得るのである。

もちろん、そうなれば両国の争いになるから、現在の日中間の等距離となる日中中間線が、両国の経済水域の境界という主張が正しい。

以上の説明をみても、中国が強行している日中中間線でのガス田開発は日中共同声明や日中平和友好条約に違反していることが明らかであるし、尖閣諸島の領有宣言など国際法違反であることは、小学生でも理解できることである。

(6) 日本人の親切と援助を仇でかえす卑劣な国家

日中両国は一九七二年（昭和四十七）に国交を回復したが、日本はこのとき初めて共産党中国と接触したのではない。

思い起こせば漢民族が清朝皇帝のもとにあって喘《あえ》いでいたとき、日本へ多くの漢民族中国人が留学し、「滅満興漢」のスローガンをかかげたときに、多くの日本人が漢民族中国人を影になり日向になって支援をしてきた。

なぜなら日本は、帝国主義時代のはじまる明治時代の初期、かろうじて近代国家としての体制をととのえ、国際社会へ船出をしたが、欧米露列強による中国や朝鮮が半植民地の悲惨な状態におかれているのを見て、彼らと連携をはかろうとしたが、清朝も李氏朝鮮も、その他のアジア諸国人民も、立ち上がる気力なく列強に侵略されるままの状況下にあった。

それが、日本の明治維新をみて漢民族や朝鮮民族の一部は、自国も改革が必要とみて日本を模倣するべく、若者たちが大挙して日本へ留学してきた。武士道精神の横溢していた日本人は「義を見てせざるは勇なきなり」として、彼らを積極的に援助した。

たとえば、現在の中国政府が建国の父として尊敬している孫文《そんぶん》は、清朝を打倒すべく一九〇〇年（明治三十三）には恵州起義に協力したが失敗し、日本へ亡命した。そして宮崎滔天や犬養毅などの経済的・精神的援助をうけ、一九〇五年には東京で「興中会」を立ち上げ、やがてこれが「中国革命同盟会」へと発展して、一九一一年の辛亥革命に結びついた。

さらに辛亥革命ののちも、孫文が袁世凱に総統の地位をうばわれたため、さらに一九一三年に第二革命を起こしたが失敗して日本に亡命した。

そして孫文は、第三革命のための資金援助要請とひきかえに、満州地方の鉱山や商業権を日本に秘密に売却するなど、日本の対中二十一ヵ条要求の原案を提示したのである。このときは秋山真之海軍中将や頭山満などを通して、日本政府の援助を引き出すなどしている。

また、辛亥革命の指導者の一人である黄興《こうこう》も、一九〇一年に東京に留学し、孫文とともに中国革命同盟会を設立している。ほかにも張紹曾《ちょうしょうそう》は、日本の陸軍士官学校を卒業したのち、第二十鎮統制となって清朝帝に退位を要求した人物で、一九二三年には中華民国総理となった。

さらに、中華人民共和国の生みの親ともいうべき中国共産党を創立した陳独秀《ちんどくしゅう》は一九〇〇年に東京高等師範学校に留学し、帰国後の一九一七年には北京大学文科長に就任、そして一九二一年にはコミンテルン指導のもとで共産党を創設し、初代総書記となった。

また「阿Q正伝」や「狂人日記」などを書いた文学者の魯迅《ろじん》は、はじめ医師をめざして日本に留学したが、のち文学革命にめざめ、胡適《こてき》などと白話文学運動を展開したことで知られている。

清朝が崩壊した直後、袁世凱と孫文は政権樹立をめぐって対立するが、孫文は北京以外に新政府の首都を設置することを主張し南京をおした。結局、袁世凱は北京に決定してしまう（一九一二年三月）が、孫文はすでに一九一二年一月時点で、南京に各省出身者をあつめて臨時政府をつくっていた。

この南京臨時政府の参議院議員は五十四名いたが、このうち半数にあたる二十六名が日本への留学経験があり、さらに二十名が中国同盟会に所属していた。ほかにも衆議院議員がいるが、日本留学有無の資料がないため正確な数字をつかめない。だが、衆参両院議員を合わせれば、日本留学経験者は数百人にのぼるはずである。

一方、蔣介石は一九〇七年に日本の陸軍士官学校に入校し、中国同盟会にも加入したが、士官としての教育をうけたのち、辛亥革命後は孫文の側近となり、一九二四年には黄埔軍官学校校長、一九二五年に孫文が亡くなると後継者として国民党のリーダーとなり、二六年には国内に割拠する軍閥を退治するべく「北伐」をはじめた。

ほかにも孫文の革命運動に投じた者に汪兆銘もいる。彼は一九一一年に法政大学を卒業し、辛亥革命とそれにつづく第二、第三の革命に参加し、最後は蔣介石と袂《たもと》を分かって日本に協力する南京政府を樹立した人物である。

さて、第二次大戦後、国共内戦をへて大陸に成立した「中華人民共和国」は、日本との正式な外交関係を断ったが、一九六二年（昭和三十七）から政経分離の名のもとに細々と経済関係をつづけていた。いわゆる「LT貿易」である。

このLとは廖承志《りょうしょうし》であり、Tとは高碕達之助の略称であるが、この廖承志は、早稲田大学に留学し中退はしているが、日本語にも堪能で一九六四年には「中日友好協会会長」に就任し、日中関係に力を尽くした人物であった。

いわば、辛亥革命を起こした闘志たちは、おしなべて日本人の支援をうけて革命を成功させたわけで、漢民族中国人が大陸で威張っていられるのも、すべて日本人のおかげなのである。

だが、中国の小中高歴史教科書は、そうした歴史的事実を一言もふれていない。すべて漢民族が独力で満州民族という外国人王朝の清帝国を打倒したという教育である。

さらに一九四五年以降、毛沢東の共産党と蔣介石の国民党が国共内戦を四年間にわたって展開し、蔣介石を台湾に追い落としたことも、すべて共産党軍の実力で達成したかのごとく記述しているが、日本陸軍航空隊が援助をしていた事実がある。

その経緯は以下の通りである。

中国共産党中央軍事委員会は一九四一年に航空戦力を充実させるため、延安に空軍工業学校を設立したが、航空機も飛行場も保有していなかった。

ところが、一九四五年に日本が戦争に敗北すると、人民軍は日本軍が満州に残置した飛行場や航空機、そして整備機材を捕獲したものの、教育訓練をおこなう人材がいなかったため、日本への帰還を準備していた日本陸軍の林飛行隊長を説得し、その指導のもとに新たに満州に「東北民主聯軍航空学校」を設立した。

林弥一郎少佐とその部隊は終戦時、遼寧省東部にある第二航空軍第一〇一教育飛行団に所属していたが、敗戦による日本への帰還を延期して、旧日本陸軍の九九式高等練習機で教育を開始し、一九四九年七月までに一二六人の人民軍パイロットと整備士など五六〇人を教育訓練した。

この結果、中国人民解放軍は一九四九年十一月十一日、北京に中国空軍司令部を発足させることができた。

そして中華人民共和国が一九四九年十月に建国されてから四ヵ月後の一九五〇年二月、ソ連との間に「中ソ友好同盟相互援助条約」が締結され、一九五四年までにソ連から航空機三千機の供給をうけることができたが、パイロットや整備士がいなければソ連は中国に供与などしなかったであろう。

ともあれ、ソ連からの援助をうけて、林飛行隊の教育訓練をうけた者たちが中心となり、一九五〇年から五三年にかけて二万五四〇〇人の要員を訓練し、およそ一〇〇個飛行連隊を編成、十一個の航空機修理工場を設立したうえ、一〇〇個の飛行場を整備するとともに、空軍の定員を二万九千人に増員した。

こうした歴史をへて、現在の中国空軍は四十万の兵士と五一五二機を保有する大空軍に成長している（二〇〇七年現在）が、その基礎をつくり上げたのは旧日本陸軍の林飛行隊である。

ところが、こうした支援の事実にたいして中国政府は、公式に一言も感謝の意を表明したことはないし、それどころか冷戦崩壊後は、日本の南西方面の領空を毎年のように侵犯している。まさに恩を仇でかえす行為を平然とおこなっているのである。

林飛行隊にかぎらず、中国はこうしたもろもろの日本人の親切や支援にたいして一言も中国人民に説明しておらず、もっぱら日本軍の残虐行為だけを捏造《ねつぞう》し、あるいは歪曲《わいきょく》して教育しているのが実情である。

さらにいえば、一九七八年に日中平和友好条約を締結していらい、二十五年以上にわたって日本は総額六兆円におよぶ経済と技術援助を中国に供与して、資本主義経済の発展を助けてきたが、鄧小平政権も江沢民政権も人民にはいっさい日本の援助を知らせていない。

逆に教科書問題、靖国問題、従軍慰安婦問題などを大々的に報道して、中国人民の対日憎悪感情だけをかきたてることに終始し、なかんずく国際法違反をくりかえして領海・領空侵犯をかさね、日本固有の領土や、天然ガスまで盗みとる行為をしている。

それゆえ、中国から日本へやってくる留学生や交換教授などは、日本のODAにたいして感謝する気持ちなどまったく持ち合わせていない。

一方、冷戦崩壊後、日本と国交を回復したモンゴル共和国は、日本が中国へ送った援助額の十分の一以下のODA額しか受領していないにもかかわらず、モンゴル国内を走るバスには、大きく日本からの贈与と書き、また病院の玄関にも日本からの贈与と大々的に書いて、感謝の意を表しているのとは大きな違いである。

いかに中国が卑怯・卑劣な国家であるかが分かるであろう。恩を仇でかえす国となっているのである。

(7) 中国人民はガス田や尖閣諸島問題など全く知らない

じつは一般の中国人民は、ガス田や尖閣諸島問題の経緯をだれも知らない。

一二三二頁におよぶ「中国中学校歴史教科書（一九九三年発行）」にも、八八二頁におよぶ「中国高等学校歴史教科書（二〇〇〇年三月発行）」のいずれにも、一九七八年の日中平和友好条約締結のことも記載されていない。ましてガス田開発の話や尖閣諸島の問題など、一言も書かれていないのである。

これからも独裁政権がつづく限り、中国の中学や高校を卒業して社会に出てくる若者たちは、日本と中国が平和友好条約を締結している国だということも、条約を締結していることの意味も知ることはない。

もちろん、尖閣諸島の歴史や、鄧小平が日本の首相に約束した事実も、人民に伝えていないから、中国人のだれ一人として尖閣諸島の問題はわからない。知っているのは一九九二年に中国が勝手に尖閣諸島までも領有した「領海法」の設置事実を、政府発表の報道として知っているだけである。

一九七八年の平和友好条約締結の直前に、尖閣諸島周辺にあらわれた中国漁船員たちは、中国当局の指示によって尖閣諸島周辺へ押しかけたにすぎない。

むろん一九九六年に香港やマカオなどから尖閣諸島への上陸をこころみた中国人活動家も、すべて中国政府のさしがねできた者たちである。

中国という国は独裁体制の国であるから、自国や政権に都合の悪いことは一切秘匿して人民に知らせず、逆に被害者の立場だけを強調して人民をあおる政権である。

このため中国人民は、中国政府の主張を疑うことなく信じこまされ、日本にたいして憎悪をかきたてることになる。

二〇〇七年現在でも一般の中国人民は、まさか共産党政府が日本の領海や経済水域にたいして侵犯をくりかえしているなどとは思ってもいない。

日中中間線のガス田開発にしても、東シナ海に中国が自力で掘削してガス田設備を完成させ、いざ操業に入ろうとしたとたん、日本から操業をストップせよという難題をふっかけられて困っている、という報道で日本を悪者扱いしているだけである。

実際、筆者の大学にたくさんいる中国人学生に、ＯＤＡを日本が二十年以上も中国に供与していた事実を話してもだれも知らないし、尖閣諸島の問題もガス田の問題も、日本の主張は一切報道されていない。

筆者が説明すると留学生は、筆者が中国人を嫌いなために嘘を言っているとしか受けとらず、抗議のために筆者を睨みつけて教室を出ていくか、黙って下を向いてしまうかのいずれかである。

筆者はあくまでも国際法や国連海洋法の規定の説明と、日本の常識的な対応を説明しているだけであるが、同時に、もしも中国政府の主張が正しいと考える場合は、遠慮なく手をあげて反論や説明をしてほしいむね伝えるが、留学生は憎悪の目で沈黙するだけである。

事実を秘匿して、自国の都合のよいことしか報道しないから、人民は共産党政権のいいようにコントロールされるだけである。

中国という独裁政権国家は、一事が万事この調子だから、日本としては問題が発生したときに、必ず、過去の経緯を中国政府にかわって、真実をインターネットなどで中国人民に知らせる必要があろう。

中国政府が日本に向かって批判する常套句に、「日本は歴史を鑑とせよ」とか「日本は歴史認識の問題で、キチンと反省していない」というのがある。

だが、日本もこれにたいして沈黙するのではなく、中国政府にたいして「中国人こそ歴史を鑑として猛反省する必要がある」とうながすと同時に、「漢民族中国人は外国人の土地である満州を侵略・奪取したことを隠しているし、反省もしていない」と反論する必要がある。

なぜなら、日中問題のすべての根本は、「満州問題」に端を発しているからである。

第七章　交渉術を心得ねばならぬ日本人と外交官

（1）外交官の仕事はこれでよいのか

外交とは、国家利益の表出・推進にあたって、最小のリスクとコストで最大の利益と効果をあげる政治技術である。

したがって外交交渉は、Give and Take（取引）ともいえる。また商業活動と異なって取引を成功させるには、強力な軍事力が背景になければならず、これは古代から多くの歴史が証明している。

近いところではフランスのド・ゴール大統領が、陸軍少佐としてフランス陸軍大学に在学中に講演した内容をまとめた『剣の刃』にも、外交における軍事の重要性を以下のように述べていることで理解できよう。

「小国は拡大を、大国は支配を、そして老いたる国は延命を願うものである。（中略）諸国家が一時的に、ある種の最高規範によって国家関係の調整に同意するとしても、強制力を伴わずして、どうしてそれを純然たる法といえるのであろうか。枢機卿レッツは喝破した、『武力を持たない法は侮辱を招く』と」

だから、外交の成果をあげるために各国がとる手段は、自国の軍事力を強化することによって、政治技術としての外交に力をあたえて成果を得ようとする。

その意味では、外交や国際政治は依然として「パワーポリティックス（力の政治）」の世界でもある。日本は戦後、憲法により軍事力を制限（戦闘力を発揮できないように）してしまったために、自衛隊を保持はしても外交の背景となるパワーとなっていない。

また日本の安全保障（軍事）に関する情報は、つい数年前までもっぱらアメリカに依存しており、外務省みずから軍事情報を収集する役目を負ってこなかった。

そして二〇〇七年一月に、ようやく防衛庁から防衛省に移行し、政策官庁へと昇格したが、憲法の制約からして依然として自衛隊は軍隊としての機能を発揮できず、したがって日本外交の力の背景にはなり得ていない。

そうした制約のある日本の外交官は、力を背景とする国際政治上の外交をすてて、もっぱら経済外交に重点をおいてきた。

そうは言っても外交官である以上、相手国外交官と虚々実々の交渉術で取引をおこなうことや、名誉あるスパイとして、相手国の情報をできるかぎり収集することが義務であり責任なのである。日本以外の外国の外交官は、みな名誉あるスパイとして日本のあらゆる情報を収集し、時には工作までおこなっている。

それでは、日本の外交官である大使は、いかなる任務を遂行しているのであろうか。大使は大使館の代表であると同時に、日本国家を代表している。以下に大使の仕事を列挙して見よう。

①各国の首都におかれ、当該国に対して日本を代表すること
②相手国政府との交渉や連絡を行なうこと
③相手国の政治、経済、科学技術、文化、宗教などの情報を収集し分析すること
④在外日本人の生命と財産を保護すること
⑤ＯＤＡ（政府開発援助）をはじめとする経済を中心に、相手国を援助すること
⑥在外日本企業が、外国でスムーズに活動できるよう、相手国政府と調整をはかること
⑦相手国に日本を理解してもらうような広報活動を行なうこと
⑧相手国と日本との友好・親善をはかること
⑨日本から海外へ出かける天皇・皇族・首相・政治家などＶＩＰを接待すること
⑩相手国の人や企業で、訪日を希望する者にビザを発給すること

以上が、日本の外交官にあたえられた主な任務である。

この中でもっとも重要なのは、②相手国との交渉と③相手国の情報収集である。だが、領土問題での交渉や軍事問題などでの情報収集など、日本にとって重要な仕事をこれまで日本の大使はほとんどしてこなかった。

二〇〇七年七月二十九日、日本では参議院議員選挙がおこなわれたが、その直後の七月三十一日、米国下院の外交委員会はマイク・ホンダ議員の提出した、旧日本軍による従軍慰安婦問題で「対日非難決議」をおこなった。だが、ワシントン駐在の日本大使は、これを阻止するための説得力ある外交を展開することができなかった。

選挙前から自民党の敗北は決定的であり、参議院での政局運営が自民党単独では困難であることと、二〇〇七年十一月にせまった「テロ対策特別措置法」が廃案になる可能性がきわめて高いことは事前に予測がついていた。

しかもテロ特措法でもっとも利益をうけているのが、ペルシア湾に展開している米軍であることも周知の事実であった。

したがって、在米日本大使の仕事は、もしも従軍慰安婦問題などで日本非難の決議などをおこなえば、テロ特措法にはじめから反対している野党がかならず「特措法」の延長に反対するうえに、与党議員のなかにも反米感情をもって特措法の成立に反対する者が出ることを、外交委員会をはじめ米国議員に恫喝をもって説得する必要があったが、駐米大使は単に日米関係に悪影響を及ぼすくらいの話しかしていなかった。

その結果、「対日非難決議」がおこなわれてしまったのである。

ともあれ日本の外交官がもっとも得意としているのは、⑧相手国との友好・親善をはかることと、⑨日本からのＶＩＰを接遇すること、であるといわれている。

つまり、ここにいう友好・親善をはかるとは、豪華なパーティを開いて豪華な日本食を振舞うことと、日本からの重要人物をもてなして自身の出世に結びつけることを意味している。

もともと対人交渉というものは、同国人の場合でもきわめて難しい。まして相手は皮膚の色や言葉、そして文化も歴史も宗教も異なる人との交渉である。

交渉は「正論」や「誠実さ」あるいは「正直さ」だけで進めても、相手は簡単には応じない。なにかを「あたえて取る」ことも必要であるし、時には「狡さ」も「脅し」も「騙《だま》し」も必要である。

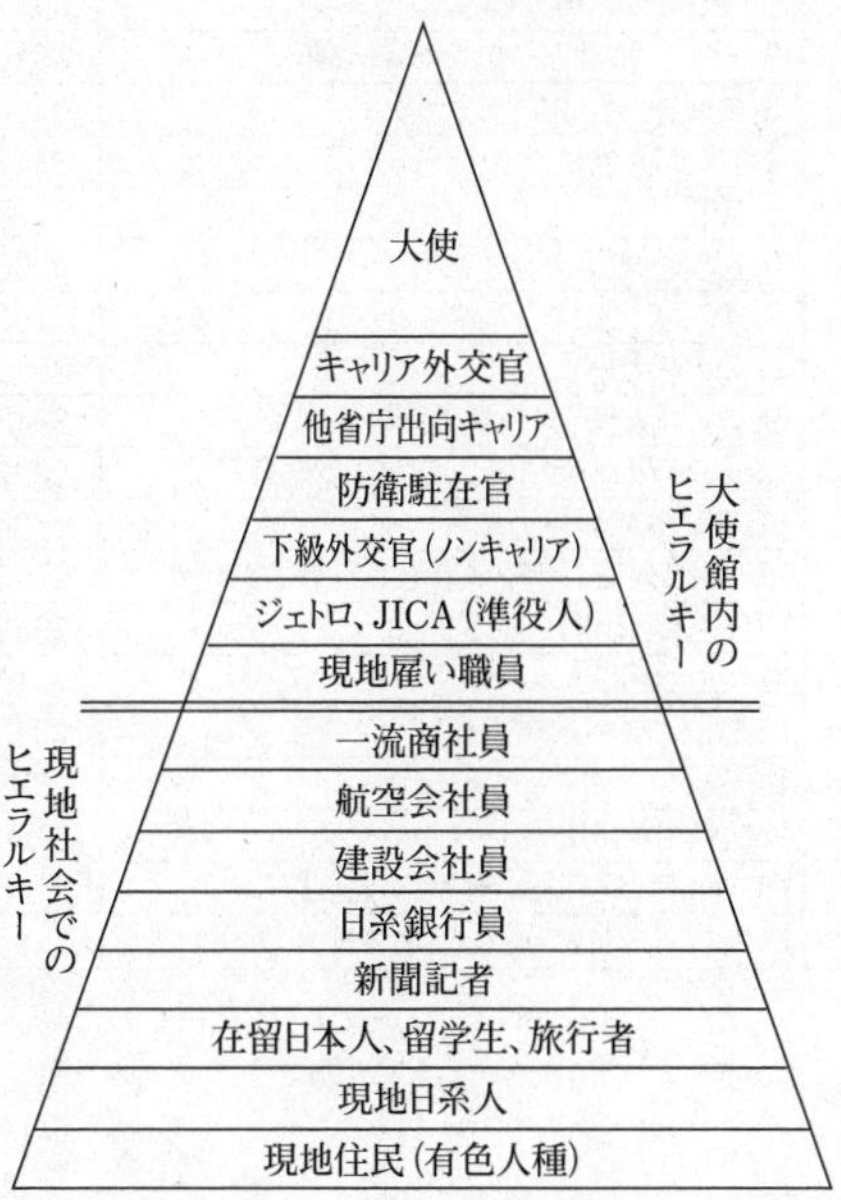

キャリア外交官の意識構造

さらに、外交官に必要な交渉術の一つは「勇気」であるが、学問だけに秀でた者は往々にして勇気に欠ける人物が多いのも事実である。国家を代表する以上は、サムライでなくとも自らの「腹を切る覚悟」で交渉にあ

外交官・官僚・政治家の年収（単位：万円）2002年度

1．最高裁判所長官	3967
2．アメリカ大使、意義留守大使	3640
3. 内閣総理大臣	3594
4. ロシア大使	3312
5. 中国大使	3180
6. ドイツ大使、フランス大使	3036
7. イタリア大使	3102
8. カナダ大使	2952
9. コンゴ大使、ユーゴ大使	2943
10. 最高裁判所判事、最高検事総長	2896
11. ジンバブエ大使	2739
12. 韓国大使、イラン大使、ナイジェリア大使	2703
13. 内閣各国務大臣	2624
14. 副大臣	2512
15. ニュージーランド大使	2343
16. 検事	2318
17. 各省事務次官	2100
18. 東京大学総長、京都大学総長	2145
19. 北大、東北大、筑波大、名古屋大、九州大学長	2100

（外務省資料2002年より）

たる決心が必要であるが、現在の外務省官僚に「切腹」覚悟で、対外交渉にあたる者がいるであろうか。

一般にペーパーテストで一〇〇点をとる人物は、記憶力、理解力、判断力、つまり「記理判《きりはん》パワー」には優れるが、対人交渉に必要な創造力（臨機応変）、指導力、決断力、すなわち「創指決《そうしけつ》パワー」には欠ける者が多い。

困ったことに日本の外交官は、難しい国家試験をパスした驕《おご》りから、鼻持ちならないエリート意識をもつ者が多く、とくに海外にある大使館や総領事館に大使や領事として勤務した場合には、大使館内や現地社会でヒエラルキー（階層）をつくって、威張る外交官が多いと批判されている。外地に勤務するということで、外交官の給料はきわめて高く、アメリカ大使に赴任する者は総理大臣よりも高い給料をとるし、イギリス、ロシア、中国などの大使は閣僚よりも高い。

ちなみに平成十八年版「外交青書」によれば、大使館の数は一一七、総領事館が六十五、政府代表部七で、合計一八九であるが、二〇〇七年には大使館の数は一二三、さらに事務所を二ヵ所追加する予定である。また二〇〇六年度末における外務省の職員数は約五四五三人で、同じく予算は六九一二億円である。

外務省の主張によれば、日本の外交官の数は先進諸国にくらべてきわめて少ないという。国民人口の規模からすれば、日本の職員数は一万七千人ほどいなければならないが、現在は〇・四二パーセントしか充足していないという。

だが、問題は職員数ではなく職員の資質であろう。対外交渉において、取引も脅しもできず、勇気も決断力も責任感もない外交官なら十万人いても何の役にもたたず、税金の無駄づかいになるだけである。現在の五四〇〇人でも多すぎるくらいで、三千人ほどで十分である。

(2) 二十一世紀の外交官には遊牧民的資質が不可欠である

二十世紀前半の外交をふりかえると、日本は有色人種であるという理由だけで、白人列強諸国から侮辱と差別、反感と憎悪と無視の対象となり、満州をめぐる紛争では日本は列強諸国からよってたかって排除されようとしたし、とくにアメリカは日本が満州をはじめ中国に利権を獲得すると、必要以上に警戒し、ついには謀略によって日本をたたきつぶそうと真珠湾に罠を仕かけて、世界大戦への参加の実現と日本の国際信用失墜に成功した。

そして現在は、経済力で日本が強大になると、その力をそぐべくつぎつぎと新たな規制や法律を制定して妨害をこころみるし、スポーツの世界においても、野球の世界選手権大会で日本が勝ち上がらないような対応をするし、オリンピックの水泳競技で鈴木大地選手が潜水泳法で金メダルをとると、この泳法を禁止するなど、つねにアメリカを主体とする白人社会は横槍を入れて有色人種である日本を妨害・排除しようとしてきたといってよい。

一方、三千年以上にわたって東アジア地域で覇権をにぎってきた漢民族中国は、十九世紀からの一〇〇年間、列強諸国から厳しい差別と侮辱、搾取と屈辱をうけてきたが、それにもかかわらず白人諸国を恨むことをしていない。

十九世紀にはアヘンを売られただけでなく、香港を奪われたり、円明園を破壊されたりしているし、二十世紀初頭、上海にあったイギリス租界地の入り口には「犬と中国人は入るべからず」の標識を立てられていたほどである。

白人諸国の対中国人認識は、「犬猫などの動物と同じ」と見、人間とは見ていなかったという屈辱を味わっているが、日本人は中国人にたいして白人のような動物あつかいなどはしていない。

ところが、中国人は白人諸国と一体となって、おなじ仲間の黄色人種である日本を、異常ともいえる憎悪感情をいだいて目の仇にしている。

中国・韓国が批判するように、A級戦犯を日本が靖国に祀り上げているのは戦争を反省していない証拠だというのならば、まず、それを決めた「極東軍事裁判」の正否を国際社会で判定することが必要である。

白人諸国が勝手に決めたA級戦犯を、鬼の首でもとったように絶対視しているのは、要するに白人におもねっているからである。

筆者が一九九〇年代末に、アメリカ西海岸のある海軍基地の近くのバーで知り合った米海軍OBの年寄りたちと、たまたま従軍慰安婦の話が出たとき、彼らは、従軍慰安婦など日本軍だけでなく、米軍も英軍もソ連軍も、そして中国軍もみなやっていたよと、笑って話していたのである。

筆者はおどろいて、それなら、なぜ米国では新聞などのマスメディアが取り上げて問題視しないのかと聞くと、彼らは、

「あなた、そんなことをしたら、アメリカの幸せな家庭はみな崩壊してしまうよ。国家の利益に反するようなことは誰も公けになどしないものだ。もっとも、外国軍がやったのなら、正義と人権の名のもとに糾弾することは必要だ」

と、笑いながらウインクしたものである。要するに、従軍慰安婦問題は日本がスケープ・ゴートにされただけである。

従軍慰安婦の問題にしても、戦争中は日本のみならず、米・英・独・露・中国・蘭など、すべての国がやっていたが、恥ずかしい行為としてみな資料は隠匿するか破棄してしまっている。

日本の巨大マスコミだけが、大声をあげて国家のために死んでいった軍人たちを、得意になって世界に向けて糾弾をした結果、中国・韓国のみならず、おなじ行為をしてきた同盟国のアメリカからも非難の大合唱をうけてしまっている。

その意味では日本のマスコミは流行を追うだけでなく、つねに日本外交や政治の足をひっぱる役割を演じていると言ってよい。

戦勝国として日本やドイツに乗りこんできた米兵やソ連兵の破廉恥な行為は、被占領国の国民はみな知っているが、敗戦の結果の悲劇として諦めているのである。同じことは満州から引き揚げてくる日本女性にたいして、中国人がいかに暴行をくわえたか、知らないとは言わせない。

作家の五木寛之氏の著書に『林住期』という傑作があるが、その中で、彼が敗戦直後の満州で、侵攻してきたソ連兵たちが自動小銃を突きつけて「マダム・ダヴァアイ（女を出せ）」と叫び、日本の多くの女性たちが犠牲になっていったことを記述している。

同じことは一九四五年八月十五日に、一転して勝者の立場にたった中国人や朝鮮人も、大陸現地にいた日本人女性をおそっているから、慰安婦問題で日本を目の仇のようにあつかうのは卑怯・卑劣いがいのなにものでもない。

戦争とはみな、そうした破廉恥行為がつきものである。二〇〇七年七月に米国下院外交委員会で、旧日本軍が非難された「従軍慰安婦」問題も、米国議員は図々しくも日本政府非難決議までおこなっているが、アメリカ人にそれを決議する資格などない。なぜ日本はすかさず米国の「黒人奴隷虐待」の非難決議をしないのであろう。

こうした白人諸国や中国人・朝鮮半島民族などの対応を見ていると、国家としての政策として捉えるよりも、民族的な資質として捉えないとよく理解できない。つまり大陸に居住してきた民族は、白人であれ黄色人種であれ黒人であれ、ほぼ同質の民族性を持っていることが分かる。

外交官として日本の国益を擁護したり、積極的に国益を表出するためには、交渉相手の国家の性格や政策を知ることも大事であるが、同時に、その民族性を正しく分析して交渉に役立てる必要がある。

これまでの外交の歴史をふりかえると、大陸に位置する遊牧民族系の国家から任命されてくる外交官は、ほとんどと言ってよいほど皆したたかな交渉相手である。軍隊経験のある者が多く、また酸いも甘いも心得た人間学をきわめた人物が、厳しい交渉に乗り出してくる。日本の外交官の取り柄はペーパーテストで一〇〇点を取ることだが、外交交渉ではペーパーテストなどの結果で交渉が左右されることはない。

それよりも、交渉相手をおだてたり、脅したり、すかしたり、甘えたり、誠実さを見せたり、まさに百面相的な対応をしながら、自己の論理へと巧みにみちびいていく交渉術が必要であるが、これらは学校では教えてくれないし試験にも出ない。

それゆえ、日本をはじめから脅そうとする国を相手とするときは、たとえは悪いがナイフを隠し持ったヤクザの親分のような資質をもった人物を交渉相手として送る方が、対外交渉は日本が望むような方向で決着するのではなかろうか。

北朝鮮の外交官などは、まさにこの条件にかなった人物ともいえようか。

(3) 情報の価値というものを理解していない日本人

日本が第二次世界大戦、なかんずく日米戦争で大敗を喫したのは、レーダーや原爆の開発の遅れがあったことも事実であるが、もっとも重要なことは、外交電報も軍事情報もすべてアメリカに解読され、日本側の外交政策や軍事作戦が筒抜けになっていたことである。外交電報や軍事電報が米国に漏れていたことを事前に知っていたならば、真珠湾攻撃は絶対に敢行しなかったであろうし、アメリカの卑劣な謀略にも引っ掛からなかったであろう。

まことに遺憾なことに敗戦後は、日本の防衛や安全保障をすべて米国にまかせきってしまったこともあって、日本人は安全保障や危機管理にかんする重要情報の収集・解析・管理などに、無関心となってしまった。

米国や英国が平和を勝ちとったのは、日本やドイツから暗号機やコードを必死になって捕獲し、通信情報を傍受したおかげだったともいえるのである。

戦後の日本は技術立国のスローガンのもと、たしかに経済大国にはなったが、二十一世紀の世界経済は「技術と情報」がすべての世界になっている。

だが、日本は技術と情報以外に、もう一つ、敗戦に懲りて空想的平和主義におちいった結果、「毅然とした勇気と決断力」に欠ける民族となっていることも問題である。

たとえば、ロシアや中国から年間一〇〇回以上も領空侵犯をされても、侵犯機を強制着陸させることもできず、領海侵犯をしたり、経済水域で調査活動をする中国や韓国の船舶を拿捕することもできないのは、面倒な紛争を避けたいとして、弱々しい抗議しかできない体質だからである。

北朝鮮が核兵器や生物・化学兵器を搭載したノドンを、日本に打ちこむ可能性が出ていても先制攻撃はよくないとか、あるいは日本をまもろうと出撃する米軍が攻撃されても、これを助けると日本が戦争に巻き込まれるという、馬鹿げた似非《えせ》平和主義者が政治家にもメディアにも学者にも、依然として多い。

これではせっかく事前情報を入手しても、毅然として勇気ある行動を起こせなければ、真の安全は確保されないし危機管理にならない。

アメリカは人工衛星が開発された一九六〇年ころから、偵察衛星をはじめとする各種の情報収集衛星を打ち上げ、軍事のみならず宇宙、海洋、原子力、資源探査、犯罪防止、気象、農業、食糧、科学、化学、ビジネス、建設、防災、教育、考古学、保健衛生、観光、貿易、危機管理などの面に生かしてきている。

しかも米国は、情報が入るとただちに分析を開始し、数ヵ所の情報機関からの情報とつき合わせて精査していく。必要な場合は同盟国や友好国からも必要情報を交換して正確を期するが、情報が間違いないと判定すると、今度はそれにたいする対応を毅然として実行することになる。

だが日本人はこうした情報、とくに軍事や警察関係の情報を軽視する国民性のゆえに、経済や技術が他国に堂々とむしりとられていることに気がつかない。軍事や産業スパイが日本ほど楽に活動できる国はないのである。

情報の価値というものについて、日本人は大陸民族とは比較にならないくらい、価値が分かっていない。たとえばプロ野球の元スター選手の講演には、数百万円の講演料を出し、花形選手になりそうな高校生にも億単位の金を出して不思議と思わない。

また、テレビ出演をするお笑いタレントなどには、一時間で五十万円以上の謝礼を出すが、同じテレビ局が研究者や技術者、そして大学教授などが長い年月をかけて研究してきた結果の解説や情報にたいして、一時間数万円しか払わない。せめてタレントと同じくらいの謝礼は出すべきであろう。

中央省庁である防衛省や外務省などにしても、外部の研究機関に委託する研究費は一件数百万円であるのに対し、米ペンタゴンが外部研究所に委託する額は、一件について一億円以上を払っている。

しかも、日本の場合は「競争入札」によって軍事や安全保障の委託研究を外部に発注するという愚かな方法をとっている。

情報化社会といわれる二十一世紀の世界で、情報の重要性を認識していなければ、政治・外交のみならず、経済も技術も軍事も本来の力を発揮できないのである。

(4) 情報機関とともに法体制の整備が必要である

イギリスが十八世紀から二十世紀初頭にかけて、大英帝国として「七つの海」を支配し、パックス・ブリタニカを実現した原動力は、米ハーバード大学歴史学教授のニアル・ファーガソンによれば、それは「知の力」であると断言している。

すなわち、現地の歴史・風俗・地図などの資料を詳細につくりあげ、十九世紀中葉からは総延長十六万キロに達する海底電信ケーブルを敷設して、情報ネットワークを作り、それをもとにして外交と軍事を巧みにからめて世界に君臨してきたと述べている。

この英国の情報重視の伝統は現在でも生きており、ロンドンにある外務省では、専門の歴史家が各国の外交史を分析して、国家の長期戦略に役立てている。そして情報収集のための機関が、国内情報は「MI5」であり国外情報は「MI6」、軍事情報はDIAがおこなっている。

こうした情報機関の充実は、現在ではいずれの国家も重視しており、新聞・ラジオ・テレビ・偵察衛星などが発達するにつれて、ますます高度な情報収集機関を設置してきている。ほかにも米国のCIA、韓国のKCIA、ロシアのKGB（現FSB）、イスラエルのモサドなど、有名になった情報機関がそろっている。

だが、現在、西側諸国間でもっとも重要となっている問題は「エシュロン」の存在である。エシュロンとはフランス語からきたもので、原義は梯形《ていけい》をした部隊編成のことである。

第二次大戦時代に米英が対日独戦で張りめぐらした通信傍受網を、戦後はソ連や共産圏を対象につくりあげた世界的ネットワークであるが、問題はエシュロンに加盟しているメンバー五ヵ国が全てアングロ・サクソン系国家という点である。

つまり、米・英・加・豪・ニュージーランドの英語を母国語とする白人国家のみのメンバーで構成されている。

そして冷戦が崩壊した後もエシュロンは存続し、メンバー国以外の軍事情報はもちろん、民間企業の電話、ファックス、電子メールなども傍受・解読し、加盟国の財務省や商務省などを通して多くの情報を自国企業に提供していると言われている。

一九九七年に欧州議会で問題となり、二〇〇一年五月に欧州議会の特別委員会に調査報告書が提出された。それによると、エシュロンが地球規模の通信傍受をしているシステムとして存在していることは、疑う余地がないと断言しているが、これまでに産業スパイ的な行為が立証されていない。

欧州委員会は、EU内の情報共有化と、共同防衛体制を強める方針を打ち出している。日本の場合には、青森県の米軍三沢基地内にある大型アンテナが、エシュロンの一翼をになっていると思われ、米軍にたいしてエシュロンの存在を問い合わせたが、簡単に否定されている。

アメリカとしては、たとえ、その存在があったとしても素直にイエスなどと答えるはずはない。日本としてはエシュロンの存在をあばく技術の開発と、エシュロンをはるかに上まわる傍受技術を開発するしかないであろう。

ともあれ日本の場合は、戦後長らく官僚機構による「縦割り」構造のために、情報の共有がすすまず安全保障や危機管理面での対応が遅れていたが、遅ればせながら安倍内閣が日本版NSC（国家安全保障会議）を立ち上げ、首相官邸主導で情報収集・分析の機能を一元化する方針を打ち出した。

さらに、安全保障や国家の危機管理とは別に、日本では経済や産業、あるいはハイテクなどを狙う産業スパイが民間企業においても跋扈《ばっこ》し、日本の貴重な財産が諸外国へ持ち出されていることも判明している。

そして冷戦構造が崩壊した後、職を失ったソ連や西側諸国の情報機関員たちの多くが、国家のかわりに民間企業に再就職し、企業のためにスパイ技術を生かしていることに日本企業は気がつかねばならない。なにしろ情報収集や工作にかけてはプロであるから、海外に進出している企業のみならず、国内の企業も早急な危機管理体制の整備と教育が必要である。

危機管理に関しては、公共機関も民間機関もつねに先端をすすむほど充実した体制をほこってきた米国であるが、それでも一九九七年に連邦議会下院軍事委員長のコックス氏が調査したレポートによれば、ハイテク産業地域であるカリフォルニア州のシリコンバレーでは、一六五ヵ所で中国人民解放軍のスパイアジトが発見されたといい、警戒を呼びかけていた。

実際、ペンタゴンが二〇〇二年に発表した各国の科学技術比較において、中国はあらゆる分野においてアメリカや日本に劣っていたにもかかわらず、すでに原潜、弾道ミサイル、レーザービーム、リニアモーターカー、リチウム電池、人間宇宙船、コンピュータ、遺伝子工学、核融合などのハイテク分野で、日米にならぶ成果を出している。

しかも中国の研究費は、二〇〇四年までは二兆円ときわめて少ない。一方、米国は三十二兆円、日本は十六兆円を拠出して研究体制をしいてきている。中国の研究費が異状に少ないにもかかわらず、あらゆる技術分野で日米と同等の技術を獲得しているのは、スパイによるハイテク窃取しか考えられない。

アメリカの場合には、各省庁がそれぞれ優秀な情報機関をもっていたが、九・一一テロ事件の発生いらい、テロの防止のみならず産業スパイなどの侵入をふせぐこともふくめて、ブッシュ政権は情報と対応の迅速性を一元化するために、新たに「国土安全保障省」を立ち上げ、十七万人の危機管理官を配置した。

それほど、情報を重要視しているのである。

もちろん、情報保全のために米国が制定している機密漏洩防止法や、スパイ防止法に関するもろもろの法律は各省庁のぶんも合わせれば、十数件にのぼるほどである。

これは、日本が日本版国家安全保障会議を立ち上げるさいにも、情報を一元化するとともに、法体制の整備も同時進行しなければならないことを示唆していよう。

情報収集機関だけをつくっても、それが機能するような環境が、法体制とともに整備されなくては何にもならないのである。

(5) 中等教育には正しい歴史と武士道精神、大学では外交史を

最後に国家の取り組みとして、小中高校生には「正しい歴史教育と武士道精神」の涵養《かんよう》をおこない、大学生には「外交史」の教育をしなければならないことを提言しておきたい。

不安定な国際社会のなかで国際化がすすみ、七〇〇万人もの外国人が日本へやってきてい

るだけでなく、日本から海外へ出かける者が二千万人を突破する時代である。

さらに戦争や犯罪は、世界各地で発生しているため、海外において日本人が巻き込まれるケースがしばしば発生する。

とくに、戦後の歴史教育は自虐史観にみちた内容が多く、小中高生に日本人としての誇りと自信を喪失させる記述ばかりが目立つ教材が多いが、各国の歴史教科書を見れば明らかなように、自国や自民族の悪をあばく教科書など日本以外はどこにもない。

それどころか、国家や政権の恥ずかしい歴史を隠して、自国や自国民のすぐれた面だけを強調する教科書ばかりで、他民族を傷つけたことにたいする反省など一言も記述されていないものが多い。

もちろん二度と戦争をしない、他民族を傷つけないということは大事であるが、日本の歴史教科書はそれを伝えようとするあまり、歴史の始まる古代から自虐的な筆致ではじまり、経済活動も搾取者と被搾取者といった筆法で現代まで記述されているから、子供たちは競争することにも、日本人であることにも自信をなくしてしまう。

諸外国のように、自国がつねに正しかったとする記述だけでは、かえって紛争を助長する原因にもなり兼ねないが、日本のようにすべて日本が悪かったという記述は、外交にせよ、ビジネスにせよ、諸外国との交渉において、つねにビクビクと自信をなくした姿勢で交渉をするようになってしまっている。

二十一世紀の現在では、日本だけでなく世界中の国で、国家の品格が問われ劣化した国民

外国大学に設置されている危機管理・安全保障科目

1. イギリス

1) ブラッドフォード大学：平和研究学部
「紛争解決」、「防衛と安全保障研究」、「中東地域紛争」、「生物化学兵器」
2) プリマス大学：政治学部
「欧州平和構造」、「欧州安全保障」、「国際的危機と危機管理」、「国際安全保障」、「平和と紛争解決」、「軍備管理」、「軍需産業」、「安全保障研究」、「平和維持と人道的仲裁」
3) ウェールズ大学：国際政治学部
「英国防衛政策」、「米国外交の理論と実践」
4) ランカスター大学：国際安全保障研究センター

2. ドイツ

1) ベルリン自由大学：政治学・社会学部
「平和研究、紛争研究入門」、「国際関係」、「軍事政策」、「安全保障」、「平和」
2) ブレーメン大学：政治学部
「紛争研究」、「平和研究」
3) ギーセン大学：政治・社会学部
「国際危機研究」
4) ハンブルク大学：政治学部
「現代の戦争と平和政策及び管理」
5) キール大学：①付属安全保障政策研究所（1983年創立、外交安全保障を専門） ②付属シュレスヴィッヒ・ホルシュタイン平和研究所

3. フランス

1) パリ政治学院専門研究過程（法学及び政治学博士学院）
「国際政治及び軍事情勢」、「紛争分析」、「軍隊と社会」、「軍事組織比較」
2) トゥールズ第一大学：政治学博士課程・国際関係コース
「国際政治」、「国防政策」、「紛争分析」、「軍事組織比較」
3) フランスには以上のような政治政策研究機関が、ボルドー、グルノーブル、リヨン大学等に設置されている。

4. アメリカ

アメリカの場合には、軍人養成大学（士官学校、兵学校）の他、州立大学、私立大学などにROTC（予備将校養成団）が設置されており、士官学校での教科内容とほぼ同様のカリキュラムが組まれ、夏期休暇には野外演習などが行なわれる。ROTCの学生数は約6万人、315大学にわたっている。またROTCでの年間平均任官数は約八千名である。

（出典：国立国会図書館より）

性が問題となっているが、これを回復するには日本の「武士道精神」がもっとも若者教育にふさわしい。

新渡戸稲造は、日本人の道徳規範として内に秘めていたものを「武士道」という著述で外国人に伝えようとしたが、その基本は三つあった。

第一に「親孝行」、第二に「礼儀」、第三に「犠牲的精神」である。この三つは、現在の日本のみならず、国際社会においても大いに欠けているものである。武士道をもつ日本がまず、率先して日本人の子弟に教育していく必要がある。

さらに、武士道の極致は「恥を知る」ということで、恥ずかしい行為をした者は卑怯者の烙印を押され「切腹」しなければならなかった。現在の日本社会は政治家・官僚をはじめ、学校の先生や弁護士のような職業まで、恥ずべき行為を平然としている者が多く、若者や子供などは何が恥ずかしいことなのか分からなくなっている。

つぎに大学生の教育に必要なのが「外交史」である。

二十一世紀に入ってすぐ、日本は外交官試験を廃止し、外交官をめざす者も一律に「国家試験第I種試験」に統一されてしまったが、問題は外交官試験がなくなったことに合わせて、外交官をめざす学生のいた国立大学や私立大学から「外交史」の科目が廃止されたことである。

国際化や情報化への対応としては、外国政府がいかなる外交を展開してきたのか、そして対外政策を達成するために、いかなる手段をつかってきたのか等々、外交官のみならずビジネスの世界でも、外国政府や外国人と折衝しなければならないビジネスマン等にとって、外交の歴史を知っておくことはきわめて重要である。

かつては主要大学に必ず設置されていた「外交史」の講義が、一九九〇年代末になるとつぎつぎと無くなってしまったことで、日本の若者は国家や外交の恐ろしさというものが分からなくなってしまった。

「外交史」という科目の内容は、日本を中心とした対米、対欧州諸国、対ロシア、対中国、対東アジア、対中南米、対アフリカ、対オセアニアなど、世界を相手とした外交を分析するが、とくに日本にとって、あるいは国際問題となった事件などを取り上げ、解明するものである。

外交政策の立案者は、国内事情・国際事情を勘案したうえで、国益にかなう政策を考え実施するが、そのさいに障害となる国内・国際環境をも鋭く見つめ、相手の出方によっては若干の軌道修正も想定内にいれて立案・実施していくことになる。

もちろん外交史は過去の事象であるうえに、分析上、日本政府や外国政府から公開された資料があればよいが、国益に照らして必ずしも全面公開されるとは限らない。それを補完するのが新聞・雑誌などの情報や、研究者が調べあげた研究資料である。

「外交史」という科目は、かつての中学・高校で教えられていた「世界史」のように、歴史的事象をただ羅列的に並べ、年代で区切った暗記科目ではない。

なぜ、相手国がそうした外交政策を採用したのか、日本はそれに対していかなる対応をしたのかなどを分析し、今後の政策に役立てようとするものである。

また「外交史」を勉強するには、相手国の軍事力や経済力、あるいは科学技術力だけでなく、国民性や民族的資質なども研究対象に入るから、性悪説で書かれた古典、たとえば孫子《そんし》、韓非子《かんぴし》、六韜《りくとう》、マキャベリ、クラウゼヴィッツ、マハンなどの本を取り上げて、人間性や民族性を解明することも必要である。

さらに、「勇気と誠」をといた武士道精神などを教育することも、これからの日本の外交官には必須の条件である。

外交史は人を相手とする学問であるため、交渉相手をよく知ったうえで対応を考えねばならない。それゆえ、外交官をめざす者にかぎらず、経済学部や経営学部などビジネス関連の学部では必修科目とすべきであるが、経済学部や経営学部のカリキュラム委員会で必要性がとかれることはない。

さらに第二次大戦後、日本社会は軍事に関連するものをすべて徹底的に拒否したために、外交の後ろ楯となる軍事力のもつ重要さやメリットが分からなくなってしまった。

むしろ軍事や兵器をもつことが恥であるかのような教育をしてきた結果、戦後になって大学を卒業した者は、大部分が似非《えせ》平和主義者か空想主義者となって、現実の国際社会が何たるかが見えなくなっている。

外交官やビジネスマンは、理想主義者でつとまる職業ではなく、つねに現実的な考えで対応しないと、国家や企業は亡国・倒産の憂き目を見ることになりかねないし、国民は国家の保護を受けることさえできなくなる。

北朝鮮による拉致問題が解決できないのは、外交の後ろ楯となっている軍事力を大切にあつかっていないことと、北朝鮮外交を正しく分析していないこと、そして外交官に勇気と決断力がないためである。

おわりに

本書では日本をめぐる外交交渉において、欧米諸国や中国がいかに卑怯・卑劣な外交政策を展開してきたかを明らかにしてきた。現在は友好国となっているアメリカでさえ、リットン報告書や真珠湾攻撃にまつわる真の資料を公開しようとしていない。

ましてや未だに平和条約を締結していないロシアの場合は、北方領土を強奪したまま返還に応じようともしないし、シベリア抑留に関しても情報を公開せず、謝罪も補償もする意思がない。

一方、中国は日本との間に平和友好条約を締結していながら、独裁政権維持のために徹底した反日政策を変えようとせず、条約を結んだ目的が日本の経済と技術をむしりとることだけに狙いがあったことが明らかとなっている。

キリスト教的考えでは、人間性悪説にたって騙《だま》される者が悪いという発想であり、そのために積極的に相手を騙したり、防衛のために鍵をかけたりするが、孫子《そんし》・六韜《りくとう》・韓非子《かんぴし》の思想でつちかわれた中国の場合も、欧米と同様に人間性悪説で外交もビジネスも推進してきている。

日本人は、民族的・歴史的・伝統的に、性善説で生活をしてきただけでなく、人間として卑怯・卑劣・恥というものを排除する武士道精神で生活を律してきたために、性悪説をとる大陸系国家との外交やビジネスではつねに翻弄され、痛い目にあってきた。

だが、大陸民族が卑怯・卑劣で恥の概念を持ち合わせていないことが、二十世紀の外交史を通して判明した以上、日本は武士道精神をすてることなく、むしろ世界にこれを普及させて彼らの意識を変革させる努力をしつつ、一方で翻弄されないための対策を早急にうつ必要があろう。そのためには若者教育のやり直しである。

武士道精神にもとづく教育を徹底しておこない、国際社会から卑怯・卑劣な行為をなくし、人間として恥となるような行為をなくさせて、世界を指導していく努力をしなければ、世界はふたたび大戦争の時代に後戻りしかねない。

そして国家の命運をにぎるほど重要な仕事をになう外交官は、自らの任務の重要性を自覚し、外交史をしっかり学んで各国の政治技術である外交交渉術を心得ておく必要があろう。

人類を救うものは、キリスト教にもとづく外交でもなく、イスラム教やユダヤ教でもなく、もちろん儒教でもなく、武士道精神にもとづく外交であることを世界に認識させる努力が必要である。

参考文献

「西アジア史」佐藤次高編　山川出版社　二〇〇二年
「イスラム事典」下中弘編　平凡社　一九八二年四月
「大英帝国インド総督列伝」浜渦哲雄　中央公論新社　一九九九年三月
「大国の外交戦略史」杉山徹宗　鷹書房弓プレス　一九九八年十二月
「全文リットン報告書」渡部昇一　ビジネス社　二〇〇六年十一月
「満州国の遺産」黄文雄　光文社　二〇〇一年七月
「幻の関東軍解体計画」池上金男　祥伝社　一九八九年四月
「目からウロコの勝者の戦略」杉山徹宗　光人社　二〇〇五年一月
「外交青書平成十六年版」外務省編　二〇〇五年五月
「アメリカの歴史教科書問題」ジェームズ・ローウエン、富田虎男訳　明石書店　二〇〇三年十二月
「ドイツ高校歴史教科書」ヴォルフガング・イエーガー、中尾光延ほか訳　明石書店　二〇〇六年九月
「ポーランド高校歴史教科書」アンジェイ・ガルリツキ、渡辺克義ほか訳　明石書店　二〇〇五年七月
「ブラック・チェンバー」ハーバート・ヤードリー、平塚柾緒訳　荒地出版社　一九九九年一月
「暗黒大陸・中国の真実」ラルフ・タウンゼント、田中秀雄・先田賢紀智訳　芙蓉書房
「満州国出現の合理性」ジョージ・ブロンソン・レー、田村幸策訳　日本国際協会　昭和十一年
「エニグマ暗号戦」広田厚司　光人社　二〇〇四年
「日本の100年」矢野恒太記念会編　一九八一年
「真珠湾の真実」ロバート・B・スティネット、妹尾作太男訳　文藝春秋　二〇〇一年六月
「山本五十六」阿川弘之　新潮社　一九六九年十一月
「大国の興亡」ポール・ケネディ、鈴木主税訳　草思社　一九八八年八月
「日米関係史」細谷千博、本間長世　有斐閣　一九八二年四月
「現代国際政治資料」杉江栄一編　法律文化社　一九七九年四月
「条約集」広部和也、杉原高嶺　三省堂　二〇〇六年
「世界史辞典」西川正雄ほか　角川書店　二〇〇一年
「義務教育五年制小学教科書」中国人民教育出版社地理社会室編　小島晋治、大沼正博訳　明石書店　一九九五年十月
「中国中学歴史教科書」人民教育出版社歴史室編　小島晋治ほか訳　明石書店　一九九二年十月

「中国高等学校歴史教科書」人民教育出版社歴史室編　大沼正博ほか訳　明石書店　二〇〇〇年十月
「世界の歴史教科書」石渡延男編　明石書店　二〇〇二年二月
「日本人捕虜　上下」秦郁彦　原書房　一九九八年
「東シナ海が危ない」上田愛彦、高山雅司、杉山徹宗ほか　光人社　二〇〇六年十二月
「シベリア抑留」御田重宝　講談社　一九九一年七月
「シベリア抑留　スターリンの捕虜たち」ヴィクトル・カルポフ、長勢了治訳　北海道新聞社　二〇〇一年
「最新国際政治関係論」上田愛彦、高山雅司、杉山徹宗ほか　鷹書房　二〇〇〇年十二月
「剣の刃」シャルル・ド・ゴール、小野繁訳　葦書房　一九八四年五月
「林住期」五木寛之　幻冬舎　二〇〇七年二月
「国家の品格」藤原正彦　新潮社　二〇〇五年十一月
「稲作民外交と遊牧民外交」杉山徹宗　講談社　二〇〇四年五月
「蔣介石と南京国民政府」家近亮子　慶応義塾出版会　二〇〇二年三月
「日本史辞典」京大日本史辞典編纂会　東京創元社　一九九〇年六月
「日本外交史辞典」外務省外交史料館　山川出版社　一九九二年五月
「東洋史辞典」京大東洋史辞典編纂会　東京創元社　一九八〇年三月
「西洋史辞典」京大西洋史辞典編纂会　東京創元社　一九八三年三月
「関東軍林飛行隊と中国空軍—中国空軍建設に協力した日本人の記録」新治毅　軍事史学第36巻第三、四合併号　錦正社　二〇〇一年三月
“The Japanese” Edwin O. Reishauer, HAVARD UNIVERSITY PRESS, 1977
“The Anchor Atlas of World History” Hermann Kinder and Werner Hilgemann. Anchor Press, Garden City, New York, 1978
“CHINA Debates the Future Security Environment” Michael Pillsbury, National defense University Press, Washington D.C. 2000

単行本　平成十九年十二月「騙しの交渉術」改題　光人社

NF文庫

騙す国家の外交術

二〇二二年三月二十四日　第一刷発行

著　者　杉山徹宗

発行者　皆川豪志
発行所　株式会社　潮書房光人新社
〒100-8077　東京都千代田区大手町一-七-二
電話／〇三-六二八一-九八九一(代)
印刷・製本　凸版印刷株式会社
定価はカバーに表示してあります
乱丁・落丁のものはお取りかえ
致します。本文は中性紙を使用
ISBN978-4-7698-3254-6　C0195
http://www.kojinsha.co.jp

NF文庫

刊行のことば

第二次世界大戦の戦火が熄《や》んで五〇年——その間、小社は夥しい数の戦争の記録を渉猟し、発掘し、常に公正なる立場を貫いて書誌とし、大方の絶讃を博して今日に及ぶが、その源は、散華された世代への熱き思い入れであり、同時に、その記録を誌して平和の礎とし、後世に伝えんとするにある。

小社の出版物は、戦記、伝記、文学、エッセイ、写真集、その他、すでに一、〇〇〇点を越え、加えて戦後五〇年になんなんとするを契機として、「光人社NF（ノンフィクション）文庫」を創刊して、読者諸賢の熱烈要望におこたえする次第である。人生のバイブルとして、心弱きときの活性の糧《かて》として、散華の世代からの感動の肉声に、あなたもぜひ、耳を傾けて下さい。